江戸の食空間

屋台から日本料理へ

江户食空间

万物汇集的料理与社会

[日] 大久保洋子 著

孟勋 陈令娴 林品秀 译

中国工人出版社

序

于江户时代
集大成的“日本料理”

□■以速食作为起点的江户美食文化

在农历七月二十六日（与现今的公历相比，大约是晚一个月的八月底）的傍晚，人们会三三两两地往江户[1]高轮的海岸边聚集。传说中在这天，月光会一分为三地闪耀，这意味着西方极乐世界的三圣“阿弥陀佛”“观世音菩萨”以及“大势至菩萨”三位神明的降临。人们因着这样的信仰而聚集。最早的形态就只是纯粹地为了求得神明的庇佑，铺了草席跪在席子上衷心地真诚祝祷；而后终于演变成好像在哪儿见过的如同庙会般的盛况，当时热闹的景象不比一般。

人们像是要赏烟火似的聚集在像高轮一带的海岸，或者是

《东都名所高轮二十六夜待游兴图》（局部，歌川广重绘，东京江户博物馆藏）。

【1】东京于德川幕府时代的旧称。（译注，以下皆同）

适合赏月的台地。在那里也出现了生意头脑灵光的小吃摊贩。在初代歌川广重[2]的作品《东都名所高轮二十六夜待游兴图》（一八三七年〔天保八年〕）里，栩栩如生地描绘着当时的热闹景象，人们的动作及喧嚣的情景跃然纸上。能够从画面上感受到比相片更为逼真的临场感的应该不止笔者一人。

画里描绘了红豆汤、烤丸子、二八荞麦面[3]、天妇罗、寿司，还有麦茶、凉粉、凉圆（水果）、烤花枝等各式各样的摊贩，当中就属“天妇罗”跟“寿司”的摊位最为醒目。

虽说江户百姓们是为了一赏传说中可获得神明庇佑的月光而一股脑儿地涌现在街上，但像这样专挑人群聚集处做小吃生意的景象还真是古今皆然。不过，如同图中所描绘的那般热闹非凡的景象，被认为是江户时代后半期才出现的景象。

远溯至久远的平安时代，当时像京城大道那样人群聚集的地方，就已经出现了小吃摊的踪迹了。更何况是像江户这样拥有百万人口的城市，食品的买卖自然更是呈现一派繁荣的景象。

以江户城为中心，上野的宽永寺、浅草的浅草寺、神田的神田神社、芝的增上寺、千代田区的日枝神社等寺庙

【2】初代歌川广重为江户时代末期的浮世绘画师，师承歌川丰广，以风景画闻名。因有后人袭名，故前加称『初代』。『袭名』是指袭用先人的名讳，作为自己的新本名或今后对外使用的名号。具有继承光荣传统的意涵，现今常见的有相扑、落语、狂言与歌舞伎等传统艺术领域的袭名文化。

【3】关于二八荞麦面的由来有各式说法。其中一种说法是，因为当时的荞麦面是以面粉：荞麦粉＝8：2的比例和面，故称『二八荞麦面』。

在当时都被纳入德川幕府的管辖之下。德川幕府以这些寺庙神社为主，举办了“结缘日”“祭典”等种种祭祀活动，当时的人们也都十分期待庆典活动的到来。

同时因为江户时期火灾频发的缘故，为了预防火势蔓延，当时政府遍设防火用的空地。而这些空地也成了百姓们的聚会场所，具有集会场地的功能。特别是两国桥为明历大火[4]发生后所设的，两国桥西侧的大马路以及为悼念罹难者而设的回向院一带，成了江户最兴盛的聚集场所。

出现在幕府末期的江户乡土志《江户名所图绘》[5]里的“两国桥”：画中描绘着横跨大川（现隅田川）的两国桥，桥边的“广小路”（大马路），另外还绘有河上漂浮着的船，人群聚集观赏着烟火来度过夏天晚上的景象。顺便一提：一六五二年（庆安五年）八月，虽然江户街上被禁止施放烟火了，但唯独大川岸边的烟火被视为特例。由此可见，当时的人们是多么地期待着大川岸边的烟火。

看准了像这类盛会、祭典、参拜日或烟火大会的日子里会涌现的人潮商机，许多的摊贩纷纷地出现，不止在岸边甚至连在河上都有摊贩在卖食物呢。

《大江户的文化》[6]一书提到：人口暴涨到百万人以

【4】明历大火发生在明历三年（一六五七年三月二～四日）。当时江户城大半几近烧毁。其又称『振袖火灾』或『丸山火灾』。

【5】斋腾长秋、莞斋、月岑著，长谷川雪旦画，一八三四～一八三六（天保五～七年）。

【6】西山松之助著，一九八一年，日本放送出版协会出版。

上的江户，到了十八世纪中期，在人们的聚集场所除了有卖面线的、西瓜现切现卖的、卖虫子的、卖汤圆的，还有蒲烧鳗鱼、几世饼（烤糯米团）、茶店等的小摊贩以外，亦有街头表演、剧场演出奇珍稀秀、相扑、秘佛秘宝展示会、书法绘画作品展等种种活动表演。

另外，根据官方记录《明和撰要集》所载，江户时代人潮聚集的大马路，到了十八世纪后半期，除了上述的“两国广小路”之外，还有“筋违桥御门内广小路”“浅草御门内广小路”“永代桥东西广小路”“新大桥西之方广小路”“中桥广小路”“四日市广小路”等处。

□■百万消费人口聚集的大江户城

平民百姓的生活虽说就是赚一天过一天的简朴日子，但江户居民还能边感受着太平盛世里在“江户城将军”脚下生活的幸福，边努力工作，继而从中发掘生活的乐趣。江户的风俗习惯历经两百六十多年的时间酝酿而成。在《江户府内绘本风俗往来》[7]一书里也可以看到江户后期至明治时代那段期间社会样貌的描述。例如：小摊子上的天妇罗、寿司之外，还有沿街叫卖的红豆汤、切片水果（比如说西瓜）。另外，参照本书插图也可以发现，老百姓的生活形态从江户时代（一六〇三年江户幕府开府）一直到昭和时代

【7】菊池贵一郎著，一九〇五年。

中期（二十世纪中期）几乎没有什么改变，更是令人对江户时代有种熟悉的亲切感。

当时的江户虽说与现今的东京相比，都市规模相去甚远，但已然呈现集中化的现象。同时，因为大多数的江户居民都住在集合式住宅里，没有可以栽种食物的地方，所以所有的食物都只能靠购买取得。因此当时出现了荷着担子到小巷弄里叫卖蛤蜊、纳豆、鱼、青菜等日常食材的小贩。做这类小买卖的人多半是靠当天的收益勉强过日子。

另外一方面，被商店以包吃住的方式雇用，因职等不同而被分为“手代”“丁稚”[8]之类的仆役以及女佣们每天吃的，基本上就是白饭加上汤以及腌渍小菜。午、晚餐会再多道炖菜。一个月里顶多再有几次吃到鱼的机会。所以对当时的百姓来说，在参加庙会祭典或烟火大会时，能在摊贩上吃到的外食带来了极大的乐趣。

因为火灾频发，一天到晚在进行修复工程的江户城内有很多的工匠（木工、批土工人、鹰架工人）。对工匠们来说摊贩卖的小吃是既经济又实惠的食物。而且，吃得太饱会影响工作进度，八分饱的工作效能最好，所以小吃对工匠们来说是恰恰好的食物。这类当时在摊贩上吃得到的食物就是本书所要介绍的“速食”。

江户城可说是德川幕府为了想要成立一个日本的

【8】商行里的仆役职称。职等以『番头』最高、『手代』次之、『丁稚』（跑腿）再次之。

中心点，一路从无到有建设而成的都市。因为建设工程的关系，原本江户的男性人口比例就偏多。再加上幕府定期轮调制的缘故，把妻子留在故乡独自到江户的地方诸侯，来自京都大型商店的仆役们，以及离乡背景到江户挣钱讨生活的人……也是以孤身一人的男性居多。

所以大多数的男性，特别是对当仆役或离乡到江户打工的老百姓来说，格外受欢迎的就是天妇罗、握寿司、荞麦面以及蒲烧鳗鱼等吃了马上就有饱足感的食物。上述这些食物一开始都是在摊贩上贩卖的形式，也就是说最初是以“速食”之姿出现在江户百姓们的生活里。本书内容将从百姓们平时吃的“速食”开始着笔，先介绍“速食”的部分种类，进而介绍在江户时代时期集大成的“日本料理”。

目录

一

急性子江户人！连吃东西都要赶时间

二

满足百万人胃袋的江户味

三

从将军到老百姓，发现江户人的私房菜

一

急性子江户人！
连吃东西都要赶时间

1 庶民们的移动餐桌：速食小吃摊

□■急性子的江户人吃东西就是要快！快！快！

大多数的老百姓，平日都会从微薄的收入里一点一滴地攒下点钱，趁着庙会或休假的时候出门上街看表演、买东西吃，享受享受。由柴村盛方所著之散文集《飞鸟川》（一八一〇年〔文化七年〕）里就提到：从两国一带开始，路经柳原直到芝[1]，因充斥着“四文屋”[2]一类的小店（摊贩）而变得十分热闹。

以江户时代的行业百态为题材的画作《近世职人尽绘词》[3]里也描绘着天妇罗、烤乌贼、四文屋等摊贩的情景。由此可见，到了江户时代后期，四处林立的摊贩已成了当时百姓们的生活乐趣之一。

江户时代的摊贩形态，并非如现今的活动式摊车，而是采定点式贩卖。当诸侯的晋见队伍经过时，才会视情况收拾移动摊位。为了严防火灾发生，像天妇罗等会用到火、油的店家，在当时只被允许在户外营业；就算是在自家住宅贩售，也得移

【1】两国、柳原、芝皆为东京地名。

【2】将关东煮的食材用竹签串成一串，每串均以四文钱计价的小摊贩。

【3】锹形蕙斋，一八〇四年（文化元年）。

到家门前的马路上做生意才行。

所谓“寿司”，原本是指像蛋糕般切块陈列贩售的“箱押寿司”，等到“握寿司”被研发出来后不久，一提到“寿司”，指的就是“握寿司”了。“握寿司”像天妇罗一样，具有刚做好就能当场立即品尝的特色，对急性子的江户人来说，是再适合也不过的食物了。看样子，江户时代平民口味的“速食”，可说是性急且作风潇洒的江户百姓们自己琢磨而创造出来的食物。那么接下来，让我们来看看当时摊贩的生意买卖样貌吧！

□■为什么小吃摊成为大众的移动餐桌？

所谓“小吃摊”是指有屋顶，有贩卖用的台面，还能够移动的摊子。喜田川守贞的随笔杂记《守贞谩稿》（一八五三年〔嘉永六年〕完笔）里关于“固定式店铺”的章节里提到，在江户里有非常多定点贩卖的摊子，但不需要的时候还是可以移动的。

《守贞谩稿》的作者出生在大阪，并于三十一岁时移居江户，在他的杂记《守贞谩稿》里记录着京都、大阪与江户的风俗差异。该书内容图文并茂且记载

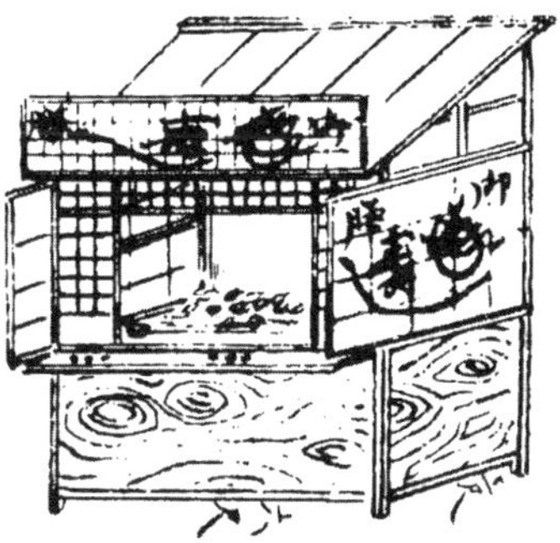

路边摊（出自《守贞谩稿》）。

详细，是了解江户后期社会风貌的重要史料。把摊子设置在车上移动是到了明治时期以后的事了，在那之前就是将炉子、餐具和煮菜的道具等全堆在一块，以摊子的样式来说并非那么容易就能移动。

小吃摊上多半卖有寿司、天妇罗等食物；通常设在连晚上都有很多人经过的地方，据说每个区域都各有三四家这样的小吃摊，可见数量确实不少。天妇罗就如同上述所言，就算是在自家贩售也非得摆在门口处卖不可。

即便是现在，天妇罗的炸油仍由于高居火灾肇事原因的第一名而素有恶名，过往在江户时代也因为担心会成为火灾的起因，而被明令禁止在屋内营业。另一方面，考虑到油炸食物时需要让空气流通的问题，这样的规定不失为一个明智的决策。再说这和"蒲烧"是同样的道理，借着让食物的香气四溢进而刺激百姓们的购买欲。

一提及火灾，就不能不提到本书内文中常出现的"明历大火"，也就是有名的"振袖火灾"[4]。因为这场火灾，有三分之二的江户城全部化为灰烬。为了江户城的重建工程，邻近的工匠们都聚集了起来，工匠们以男性居多，以现代的说法就是所谓的"只身上任"，未携家带眷的情况下，"吃饭"马上就成了问题。卖现成饭菜的小摊贩（近似现今的熟食店）因而兴盛

【4】火灾起因据传是因为本乡丸山的本妙寺正在举行丧礼。寺庙在火化遗体时，不慎因风势延烧而酿成灾害。因丧礼的往生者身着紫色的振袖（未成年女性穿的正式和服），故称『振袖火灾』。

了起来。

对搭鹰架、批土等与建筑相关，从事劳力工作的工匠们来说，如果吃得太饱反而无法专心工作，少量的饮食方式反而比较适合他们的工作形态。这样的情况之下，小吃摊上吃上一串天妇罗或烤花枝，一律四文钱的现成餐点是再合适也不过了。

在序文里曾介绍过的人群聚集的“广小路”，在当时变得非常热闹。幕府设置作为防火用的空地上聚集了小吃摊、简便式的茶店，以及卖现成菜的摊子。但在一六六一年（宽文元年）时，茶店跟卖现成菜的摊子就被禁止在晚上六点后营业了。

一六九九年（元禄十二年）时为了防火安全，卖现成菜的摊贩里，连街头贩卖、沿街叫卖一类的摊子也被禁止在夜间营业了。一七九九年（宽政十一年）幕府政府又定出了新的规范，往后也几次施行了新的规范。但就江户幕府屡次颁行新令的情形看来，这意味着规范并没有被确实遵守，可以想见在规定时间外的江户街头有多热闹了！光从这点也可以推测当时人们的夜间生活是多么多姿多彩。

□■天妇罗混搭西瓜更好吃

但是因为江户时代火灾频发，反而让人们对于住宅没那么重视，转而将生活乐趣的重心移至观赏表演跟美食上面。话虽如此，预约制或点菜制的料亭也不是平民百姓们能经常造访的地方，所以实际上随意就能买来吃的美食成了常态。

斋藤月岑所撰《东都岁事记》（一八三八年〔天保九年〕）一书里的“盛夏街景图”，图里除了绘有卖凉粉、甜汤[5]、水果（西瓜类的切片水果）的摊子以外，居然还画着在炎热的天气里光着上身卖天妇罗的摊贩。天妇罗搭着西瓜一起吃，没关系吗?！看样子当时天气可能十分炎热，这幅图里还画着正在洒水的小童，荷着凿了洞的水桶边走边洒水的男子。这是幅很能表现出江户当时热闹的街头一隅的图画。

盛夏街景图中绘有天妇罗等食物的街头贩卖景象（出自《东都岁事记》）。

江户时代的人们因为江户城的建设以及火灾后的重建等工程而不愁没工作可做，原本过着简朴生活的人们也培养出了“当天赚的钱当天就花光”的江户人特质。

最初，人们依赖由京城供应的商品，对京都的文化很是憧憬，大型商号也是由京都人所掌控着。最终，从酱油起始，江户的居民也逐渐建构出不需仰赖京都

【5】糖水加汤圆，因为加的是冷水而非冰块，所以在酷热的天气里大概也凉不到哪儿去。

供货商品的文化，也就是所谓的“江户文化”。

江户中期开始，江户特有的食物经由百姓的手被制作出来；贩卖食物的方式也发展出熟食店、路边摊、沿街叫卖、定点贩售、茶馆、餐馆等种种贩售形态。

不仅仅是日常的食材，也有卖像“炖豆子”之类现成菜肴的熟食店（类似现今的外带店），至于像鱼之类的生鲜食材就是把砧板跟菜刀放在类似寿司桶那样的浅木桶里，用扁担挑着沿路叫卖，如果有人买，就现场宰杀贩售。青菜类的食材也是事先略微清洗过，买了就能马上烹煮的状态。

在日本桥有鱼市场，青菜类的市场则是在神田。小贩们都从市场那里批货再四处兜售。卖蔬菜的摊商一开始分为：只卖茄子或绿色叶菜类一两种蔬菜的“前菜摊”以及贩售多种类蔬菜的“八百屋”。但后来就不再做那样的区别，凡是有卖菜的都称为“八百屋”。也有近郊的农家直接到江户贩售的情形。

在这样的情况之下，买了当场就能吃的速食自然就很受那些无法在家里自炊的人，例如单身的男性或是住在雇主家里的人们欢迎。特别是已经用竹签串好食用方便的天妇罗、烤豆腐、蒲烧鳗鱼、丸子；直接用手拿着吃的握寿司、麻糬糕点（比如说“大福”）类、豆沙包或者是切片水果都很受民众的欢迎。另外还有附汤的荞麦面、凉粉等，这些食物都在路边摊上就能买到。讲究点的摊子设有屋檐，有的就稍微简陋些，只是把商品陈列在台面上或是放在木桶里，再立把遮阳伞，就做起买卖来了。

关于荞麦面将在后续的内容再做详细的介绍。“悭贪荞麦”“夜鹰荞麦”[6]“二八荞麦”之类流传后世的江户荞麦面也都起源于路边摊。除了上述没有屋檐只有台面或用遮阳伞来代替屋檐简陋式的摊子之外，也有卖二八荞麦面那种没有屋顶，连接着两个细长型的门柜，要移动的时候可以轻松挑着就走的担子。有别于一般卖现成饭菜的摊子，另外还有一种挑着两个大木桶，叫卖着人们日常做菜用的食材的小贩。

去壳的蛤蜊之类的食材，甚至连年幼的孩子也会边喊着：“大叔！要不要买蛤蜊？剥好的蛤蜊！”边沿街叫卖（《浮世床》[7]第一幕，一八一一年〔文化八年〕）。

接下来将陆续介绍从路边摊诞生的速食杰作：天妇罗、握寿司、荞麦面以及蒲烧鳗鱼。

【6】宵夜时段才出现在街头贩卖的荞麦面摊。

【7】江户时代的剧作家式亭三马的讽刺剧。

2 征服江户大街小巷的国民速食天王：天妇罗

□■满口现炸的“热乎乎”魅力

天妇罗是将捕自江户湾（现东京湾）的鱼，裹上和了水的面糊，然后下锅油炸后用竹签串成串，蘸着白萝卜泥跟薄盐酱汁吃的食物。

如此风雅的食物，光凭想象力就很能体会那种忍不住要将刚起锅还热呼呼的天妇罗塞得满口都是的美味。虽然无法从当时的图画作品里略知一二，但当时说不定可能也有外带的贩售方式。这类现炸、现烤、现煮，然后当场就能入口又物美价廉的食物，对急性子的江户百姓们来说真是再适合也不过了！因此，这种路边摊小吃的生意盛极一时。

江户时代的社会情况被如实地呈现在很多绘画作品里，因此身处现代的我们很容易就能从绘画里感受到当时人们“这个也想吃，那个看起来也很好吃”那种犹豫不决的心情。令人引以为憾的是，毕竟绘画作品不比食谱，无法从中得知食物的做法，无从体验当时食物的口味与香气。

在有人群的地方，也聚集了设有屋檐的摊贩或仅有台面的担子，各式各样的店家。不过，卖天妇罗的摊子似乎一定得有个屋檐似的，在不同的绘画作品里头卖天妇罗的摊子都以类似的样貌被呈现。许多路边摊的生意都一片兴隆。那也是因为光是平民百姓就足足有五十万人之多，总人口数当时高达百万人的都市才得以看到的荣景。

□■武士不惜变装也要偷偷购买

江户时代的人们实际上是如何品味天妇罗的呢？有一则“川柳”[8]的作品可以作为一探究竟的线索。

卖天妇罗的摊子上摆着看起来像占卜道具的竹签

（天麸らの店に蓍木を立てて置き）

所谓的“蓍木”是指算命师用来占卜的道具，原本是由一种叫“蓍草”的植物的茎所制成，后来虽然用竹制品替代了但还是援用原来的名称。吃天妇罗时用来插取食物的竹签外观看起来有点像放在筒子里的占卜道具，绘画作品里描绘的样子也确实很像，令人不由得对这句“川柳”的叙述了然于心。

【8】自江户时代中期开始流行，以口语为主的短诗作品。音节与『俳句』相同，但规则不如俳句严谨。采用『五、七、五』音节顺序排列，一则共有三句。内容多为社会现象的描述，用以表达心情或讽刺政治，内容较为轻松，容易入门。

把拿过天妇罗的手指头在桥边的栏杆装饰上擦了擦
（てんぷらの指を擬宝珠へ引んなすり）

所谓的“擬宝珠”是指桥的栏杆柱子上的装饰，以精工雕饰过的铜制品居多。说不定当时曾有不少天妇罗的摊子在桥边摆摊。

现今我们吃的天妇罗外层的面衣里加了面粉、鸡蛋和水，但江户时期天妇罗的面衣只有面粉加水而已。想把食物炸得酥一点得用高温跟较薄的面衣去炸，但在这种条件下要能把鱼炸熟得要有纯熟的技术才行。

但是，认为口感要炸得香酥才好吃是我们现代人的喜好，当时的人们又是怎么想的呢？

如果面衣不裹得厚一点，不炸久一点的话，东西会炸不熟，但如果炸得太老大概也不好吃。所以当时的人们用薄盐酱汁跟白萝卜泥来搭配天妇罗一起吃来解油腻，真的是个很棒的点子。

能想出用竹签来插取食物，不但吃起来方便，手也不会沾到油，令人不禁要佩服店家的用心。但即便是那样，如同上述的“川柳”作品里所描述的，如果需要在桥边的栏杆饰品上擦手的话，手指上应该是沾了不少油。话说回来，通常讲到油炸食品顶多指的就是炸豆皮之类的东西，一般应该是很少用油来料理食材。由此可见，天妇罗以高热量食品之姿，为江户百姓的饮食生活生色不少。

描绘天妇罗摊子的画作里，经常出现狗。讽刺小说《江户久居计》[9]里也有着一幅弥次·喜多的天妇罗被小狗偷吃了的插图。狗儿也觊觎着看起来很好吃的天妇罗而在摊子附近徘徊。《近世职人尽绘词》里有张戴着面罩的武士蒙面买天妇罗的图。原本武士阶层以那是阶级低下的百姓们在吃的东西为由，是不吃摊子上卖的天妇罗的。或许是因为进入江户后半期，贩卖的摊子也增多了，武士也耐不住香味四溢之下的诱惑吧？同张图里还画着一位想要外带的妇人。

另外山东京传的作品《江户春一夜千两》（一七八六年〔天明六年〕）里有篇故事：一位有钱人想要测试自己儿子身为继承人的能力，而把家里大大小小的仆佣也都搅和了进来。他给了一大笔钱，并且规定得在傍晚到天亮的这段时间里把所有的钱都花完。结果仆役小厮们只想出了“大吃特吃一堆单价只要四文钱的炸荣螺”跟“买寿司”两种花钱的方式，因而引来旁人一阵讪笑。

从这样的例子也可以看出江户百姓们经常吃这些路边摊的天妇罗、寿司、荞麦面跟蒲烧鳗鱼等之类的外食。另一方面，是什么样的人在卖这些食物呢？是那些认为“只要去了江户一定有办法糊口”而从近郊涌入，“做一天赚一天”穷苦度日的人们。

那么，接下来一起来看看天妇罗出现在小吃摊上的原委始末，并探讨一下“天妇罗”这个有着奇妙称呼的料理。

【9】江户时代的讽刺小说，岳亭春信著、歌川芳几绘。

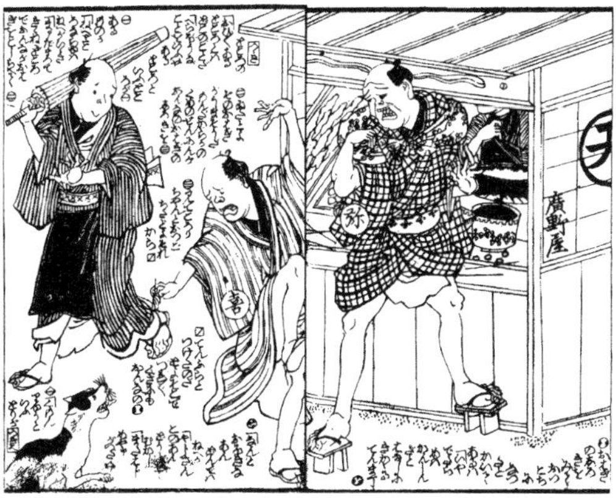

因为串好了的天妇罗被小狗偷吃了而吓一跳（出自《江户久居计》）。

□■“天妇罗”一词的命名竟跟流浪汉有关？

“天妇罗”的料理名称起源于长崎的南蛮料理[10]，经由京都传至江户的时候，“天妇罗”的名称就已经固定下来了。现今在关东叫“萨摩扬”[11]（satumaage）的食物在京都大阪以西的地方还被继续称为“天妇罗”。再加上现代社会运输业的蓬勃发展使然，商品的命名已经失去了地方特色，冠上主材料的名称被以“○○天”[12]命名的“萨摩扬”也会出现在东京的食品卖场上。

【10】十六世纪后半叶，与南蛮人（葡萄牙人、西班牙人）一起进入日本的异国料理。

【11】用已调味的鱼浆或者再加上蔬菜末一起油炸而成的食品。

【12】例如以花枝为主材料的天妇罗就叫『花枝天』。

关于“天妇罗”一词的起源众说纷纭：有出自葡萄牙语的temperar，或出自荷兰语tempera的说法，也有一说是源自中文，甚至有出于日文“天妇罗”[13]的变音一说。当中又以颇负盛名的作家山东京山的著作《蜘蛛织网》（一八四六年〔泓化三年〕）里，以“天妇罗的起源”为题的故事内容最为有趣。据传“天妇罗”一词就是由作者的兄长京传所命名的。接着来看看《天妇罗的起源》一文的内容——

天明元年，在大阪有家除了店内员工以外还雇有两三名家仆随时伺候着的大型商号。店主的二儿子名叫利介。后来，利介带着情投意合的歌伎一同私奔到江户来，就住在我住的那条街的后面，过着早出晚归的日子。某日，利介对亡兄（山东京传）说：“在大阪有叫‘tu-ke-a-ge’的小吃，在江户也有叫‘胡麻扬’（青菜为主的油炸物）的小吃，但还没有看过用鱼肉做的。鱼肉做的油炸食品其实很好吃，我觉得可以在夜市里卖卖看。依您之见觉得如何？”

在亡兄看来那是个很好的点子，他认为利介应该尝试看看。于是就要利介马上做来试试。一尝之下，确实好吃！于是就建议利介尽快做来卖。但利介说：“在夜市里卖这个，如果摊子的灯笼上写‘鱼肉做的油炸物’的话看起来挺无聊的，语调发音也不甚好听。老师，不如请您重新起个名儿吧！”

【13】天妇罗在日文也可念成a-bu-ra，从a-bu-ra的发音再转音成ten-pu-ra。

亡兄略略思考了后，写下了“天妇罗”[14]三字给利介。利介以很怀疑的表情说：“‘天妇罗’这名字是什么样的由来呢？”亡兄边笑边打趣道：“阁下如今是‘天竺浪人’（居无定所的流浪汉），漫无目的地闲晃到江户居然还要做起小买卖来。所以叫‘ten-pu-ra’[15]。”“ten”是天竺的天，也就是“油炸”的意思。选用麸罗二字来表现pu-ra的发音，是因为从字面上看来，有“用掺了水的面粉裹了一层”的意思。利介也是个风趣之人，认为亡兄的命名甚为有趣因而大喜。在开店的时候利介准备了一只灯笼来，请我们帮忙代笔。因此亡兄就命我在灯笼上题了字。

这是我十二三岁时，距今已是六十年前的往事了。如今“天妇罗”的名称跟文字已经广为人知。但亡兄京传乃是“天妇罗”的命名之人，而第一个作为招牌用的灯笼是由我题字，利介则是为“天妇罗”打响了名号；这桩逸事应该是鲜少有人知道的吧！

另外，在《北越雪谱》[16]一书里也可看到关于山东京山在越后的小千谷向作者铃木牧之说明“天妇罗”由来的叙述。

【14】天妇罗在日语里有以下几种写法：『てんぷら』『天ぷら』『天麸罗』『天妇罗』，均念成ten-pu-ra。本书全篇以台湾常见的『天妇罗』一词表记。但若古文内采其他表记方式时，则援用原文之汉字表记。

【15】漫无目的地一词的日文为fu-ra-ri-to，pu-ra则是由fu-ra的谐音而来。

【16】江户后期描写越后鱼沼（现日本新潟）的雪国生活之书籍名称。第一版卷末，一八三六年（天保七年）。

□■天妇罗指的到底是“甜点”，还是“炸物”？

因为一块四文钱而每天售罄的缘故，在短短不到一个月的时间内增加了不少卖天妇罗的摊子。山东京山居住的京桥在设有鱼市场的日本桥附近，这里是江户里最繁华的地方。从江户人对待来自大阪居无定所的人也很自然地就当他们是自己邻居的态度来看，就能感受到富含人情味的传统社区生活。而令人出乎意料地，这正意味着在平民百姓间也进行着江户与地方之间的城乡文化交流。大阪的油炸食物“tu-ke-a-ge”也摇身一变成了江户路边摊上的“天妇罗”。据说最早开始在路边摊卖天妇罗的就是关西出身的利助（即前述之利介）。

因为天妇罗在现代根本就是家常菜的关系，作为日本料理中油炸类美食的代表是毋庸置疑的。虽说京传所命名的天妇罗也可念作“a-bu-ra”，但像京传那样的剧作家，其实很有可能早就知道这种食物叫“天妇罗”的资讯了，所以“天妇罗”乃由京传所命名的说法其实是有可议之处的。

附带一提，在江户时代，以青菜为主材料的油炸品叫“扬物”“胡麻扬”，只有以鱼为主材料的油炸品才叫“天妇罗”。而且当时还特别讲究食材的鲜度，使用江户近海的鱼获，一路从路边摊小吃变身为吧台料理，再晋升成料亭的菜肴。

“天妇罗”这个有趣的命名确实很有可能是起源于南蛮料理，

不过这也不是完全被证实的说法。研究饮食文化的学者平田万里远指出“天妇罗”的语源研究可参考一八八四年（明治十七年）由语言学者大槻文彦博士所著的《外来语源考》(《学艺志林》）里的内容：

从语气与形态来考虑的话，应为西方的语言。也有一说是西班牙语寺庙（Templo）里的料理之意。不过无论是哪种说法都有点牵强。

而且根据日语辞典《大言海》里的说明：“Tempora，天主教于星期五举行的祭典名称。”另外，江户幕府末期[17]的喜多村筠庭所撰《嬉游笑览》(一八三〇年〔文政十三年〕）里有关于“天妇罗”是外国甜点师傅专业术语的说明：“不管是甜点或其他的食品，大概只要裹上糖衣的都叫作‘ten-pu-ra’（天妇罗）；属外来语。”再探讨其他源自葡萄牙语 Tempero、源自中文等种种说法之后，平田万里远认为天妇罗一词源自葡萄牙语是比较有可信度的说法（《世界各地的食物—日本篇⑳》[18]）。

于是笔者就试着查了《日葡辞典》[19]，不过辞典里并未出现关于天妇罗的记载；但有 Temperar（调味）、Tempera（调整

【17】一般指一八五三年美国海军军官率舰叩关之后。

【18】出自一九八二年《周刊朝日百科》，朝日新闻社出版。

【19】一九七三年，勉诚社。

食物的口味并且品味）等词汇。把最近的相关出版书籍大致翻阅了一遍后发现，认为天妇罗一词源自荷兰语的说法较多。但上述京传的“天妇罗，是取自‘天竺浪人’‘面粉的麸皮’以及‘罗纱’等词汇”的说法也奇妙地很有说服力。

在水资源丰富的日本，炖煮的料理品项很多；油炸物则普遍被认为是受到外来文化极大的影响，接着来看看关于这部分的说明。

□■多亏了外来油炸料理的增色

一点点油换算下来的热量就相当高，因为能增添食物的风味与顺口的感觉，所以油品被使用于多种的料理中。在日本的农作物里有芝麻、紫苏、榧树、菜籽等类的植物油被运用在料理、灯油上或者是作为护发油。但事实上料理用油极少，所以日本料理整体来说是以水为媒介，菜肴以用煮的烹调方式居多。

但也并非完全没有用油烹调的料理。奈良时代寺庙在制作唐菓子[20]一类敬神用的糕点时会使用麻油。春日大社等神社的供品内容自奈良时代绵延传承至今。例如“餢飳”是粳米粉和水后经过蒸、捣的程序后再将捣好的米团用擀面棍擀开；擀开后再做成类似馅饼的形状，然后再用麻油炸过。据说要能做好唐菓子得花上三年的工夫练习才行（《“秘仪开封”春日大社》[21]）。

【20】日本平安时代由中国唐朝传入的糕点。

但是，当时油的用途主要是用作供养神佛的灯油为主，再加上油产量本身就少，所以被运用在料理的机会就不多了。

另一方面，在镰仓、室町时代[22]，禅宗由中国的佛僧以及到中国留学的日本僧人引进日本。在日本盖起了寺庙，因此寺庙里的料理，也就是所谓的“精进料理”（斋菜）也随之兴盛了起来。“精进料理”因为不使用动物性食品，而是以植物性食材为主，因此借由用油跟黄豆入菜以改善蛋白质及热量不足的问题。

特别是豆腐的制造方法传入日本后，人们花了很大的心力在研发豆腐皮或豆腐的加工上，做出了很多令人意想不到的菜肴。比如说，豆腐去水后再捣过，接着贴上一片海苔后再烤，然后涂上酱汁做成蒲烧的口感。也有把豆腐晒干切片后加入汤里的“六条豆腐”。较广为人知的则有“高野豆腐”（冻豆腐）。

到了室町时代，随着农业技术发展的提升，在油商们的活跃之下打开了商品通路，食用油也因此变得普及。而进入安土桃山时代[23]后再加上南蛮文化的影响，日本料理的范畴变得更广，油炸食品的料理或烘焙点心的制作方法也因此广为流传变得普及。使用动物性产品入菜的外来料理也渐渐地对日本料理产生了影响。

【21】上田正昭监修，一九九五年，角川书店。

【22】镰仓时代：十二世纪末～十四世纪。室町时代：十四～十六世纪。

【23】安土桃山时代：一五七三年至一六〇三年之间，织田信长与丰臣秀吉称霸日本的时代。

□■麻雀变凤凰的庶民美食

进入江户时代后，原本属于少数特权阶级才吃得到的菜色，终于也进入了一般平民的生活之中。天妇罗成了油炸类美食里的代表性料理。平民百姓得以如此广泛地外食，起因于食材的取得变得容易的时代社会背景。菜籽油、芝麻油的产量增加，再加上使用酱油、砂糖等调味料的交互影响之下，食用油的使用也因此变得广泛。

但是，“什么种类的油是被如何使用？”“使用过后的油是如何被处理？”这些疑问还有待日后的研究。就连砂糖或味醂的使用方法也是，除了食谱上的记载以外，关于民间料理方法的史料并不多。味醂因为是带有甜味的酒精，据说曾被当作饮料饮用。与现今我们所用的味醂应该是相去甚远的东西吧？！

在江户作为油炸食材的代表有炸豆腐、“雁拟”[24]（又名“飞龙头”）。由此可以推测小吃摊上的油炸用油可能是由餐馆或加工商（豆腐店）一类的源头便宜买进的吧？至于使用过后的油怎么处理，也是很令人好奇。尽管如此，当时的天妇罗裹了层用水跟面粉和成的厚厚的面衣，大概因为是现炸的所以才为饕客们所接受吧！

话说，江户的天妇罗有哪些种类呢？根据《守贞谩稿》的记载，当时天妇罗的主材料有江户近海的星鳗，

【24】由豆腐末、牛蒡丁、红萝卜丁、芝麻及海带制成的炸丸子。

以及草虾、小鲫鱼、赤贝等海鲜。可以让贫穷的小老百姓稍微填一下肚子又好吃的食物，就属这一串串的天妇罗了。美国的炸鸡、英国的炸鱼薯条也是很受大众喜爱的代表性速食，而日本的速食自然就是江户小吃摊上的天妇罗了。英国炸鱼薯条好像只用鳕鱼作材料，而日本的天妇罗用的是江户湾的鱼获，在种类丰富这点上就更为叫人满意了！

就这样，天妇罗受到了江户百姓的欢迎，荞麦面店的菜单上也写上了“天妇罗荞麦面”的品项。到了幕府时代末期更已经升级成了料亭里的包厢料理，还以江户湾新鲜鱼货为卖点，等级越变越高。炸的技巧以及对材料的选用也十分讲究，最终天妇罗成了日本料理的招牌菜。

3 究竟是谁先开始“握”寿司？

□■寿司竟然至少要腌一天才能吃？

身为以米为主食的民族，日本人在很多以米为主的料理上下了不少功夫，米食在日本人的饮食营养上也占了很重要的地位。从江户时代武士的薪俸也是以“石高”[25]表示，就可得知稻米在当时的重要性。稻米的种类主要分为“籼稻”与“粳稻”两大类。这两种稻米最大的差异在于，“籼稻”吃起来的口感较为松散，“粳稻”则较有黏性。日本广为种植“粳稻”，发展出“粳米”与“糯米”的饮食文化。

现今虽说因为饮食内容国际化之故，稻米的消费量相对地减少，但日本人的生活还是离不开稻米。最近御饭团、寿司也深受日本年轻人的欢迎。现在的便利超商或车站内的小店就好比是江户时代的路边摊。

其中“寿司”的历史非常久远，诞生于江户的“早寿司”[26]“握寿司”风

【25】石高是日本幕府时代用以表示土地生产力的一种制度，又称『石高制』，举凡税贡、劳务、军役等对政府的义务皆依据石高的多寡来课征。

【26】用腌制鱼跟醋饭压制而成，放置数小时或一晚等入味后才食用的寿司，也称『一夜寿司』。

靡一时，现在甚至连在海外都很受欢迎。倘若没有富黏性的“粳稻”就没有办法做“御饭团”[27]类的食物，所以“握寿司”能够出现也是拜“粳稻”所赐。江户时代出现了像“浅草海苔”那种运用漉纸技术而制成的片状海苔。而后在与片状海苔的搭配组合之下，日式的卷寿司应运而生。

到了江户时代后半期，一提到“寿司”指的就都是“握寿司”了。但是，寿司的起源是因为稻米的流传随之而来的“驯寿司”[28]（又作熟寿司），与其说是为了保存鱼货而衍生出的料理，不如说是加工食品，据传起源于东南亚一带。

现今留存于日本的“驯寿司”以滋贺县琵琶湖的“鲋（鲫鱼）寿司”最为有名。这是巧妙地利用了米饭的乳酸发酵原理，把鱼放在饭里发酵，沾上酸味的鱼被当成保存食品食用。先将要使用的鱼货去除内脏，抹上厚厚的一层盐巴让鱼肉排掉多余的水分，洗净盐分后再将鱼与加了盐的饭在木桶内交叠放入待其发酵。鱼肉中的蛋白质会改变成分，增加食物的风味。

小一点的鲫鱼得腌三个月左右，鱼体型大一点的话就要花上大概一年的时间，腌得越久越好。要称得上是陈年渍物的大概得腌上五年，到那种时候米饭早已变成糊状而无法食用了。因此，这种情况之下，无论怎么说，鱼才是这道

【27】御饭团在日文里有『o－nigiri』『o－musubi』两种说法，区别的方式也有各类说法。一般而言，『o－musubi』多指三角形的饭团，『o－nigiri』则形状不拘。

【28】以盐跟米饭产生的乳酸促进鱼肉发酵的加工食品。

菜色的主角，发酵变酸的饭只是配角而已。

“驯寿司”的气味颇为强烈，对不敢吃的人来说是怎样也没办法习惯那个味道的，但对喜欢的人来说，似乎那样的气味才叫对味。近年来琵琶湖的鲫鱼产量减少，再加上生产业者后继无人的问题，对“驯寿司”的生产造成了不小的冲击。

NHK 电视台的节目里曾经介绍过，在中国居然有腌了三十五年的鲫鱼所制成的“驯寿司”。东京农业大学名誉教授小泉武夫教授试吃后的感想是：尝起来像盐渍鲑鱼的味道。据说鱼能这样长期保存是因为中国水质的关系。

在日本关于“寿司”的记载，可追溯至奈良时代的《养老令》（七一八年〔养老二年〕）。至于是什么样的内容呢？《养老令》里有：鲍鱼寿司、贻贝（孔雀蛤）寿司等各式各样寿司的文字记录。另外，作为寿司类的贡品，在平安时代的《延喜式》（九六七年〔康保四年〕）里，也列举了十种以上的“驯寿司”。

到了室町时代发展出了“生驯寿司”——这是在半切开的鱼里填入带有咸味的饭，腌上两周至一个月后，鱼与饭一起食用的吃法。

腌制的时间取决自鱼的种类和当时的腌渍条件，制程渐渐地缩短到三天至四天。而后又发展出“饭配鱼”，或者“饭配青菜”的各类组合，逐渐转变成了以饭为主体的食物。

进入江户时代，来自京都、大阪的“箱寿司”（也就是所谓的“押寿司”）流传至江户，再加上江户人“想快点做出来”的急性子使然，因而想出了直接在饭里加入醋、盐调味的方法，发展出了“早寿司”“即席寿司”。即便如此，饭跟鱼肉还是得先放上至少一天左右等入味后才能食用。

那么，短时间内就可吃到的“握寿司”又是如何出现的呢？

□■不用等！急性子专属的即食寿司

江户时代前半期的“寿司”指的是室町时代以来的“生驯寿司”。当时的人们相当地喜欢寿司，连献给德川将军府的贡品里都可看到寿司的踪影。文化年间（一八〇四～一八一八）就有十二位大名[29]诸侯都献上了寿司作为礼物。当中又以岐阜长良川的香鱼寿司最负盛名[30]。

根据三田村鸢鱼所著的《享乐的江户：江户的饮食生活》一书，一直到宝历年间（一七五一～一七六四），寿司还属于在餐馆里点菜后才制作的菜肴，并非沿街叫卖的食物。同时该书还记载着：宝历年间，源自和州下市（现奈良县吉野郡下市町）的“钓瓶寿司”[31]开始在江户贩售后，演变成了日后的“早寿司”。到了天明年间（一七八一～一七八九），来来往往的摊子上开始贩售起各式各样的食物

【29】日本封建时期对地方领主的称呼。

【30】出自《日本的味觉：寿司——美食的历史学》，一九九二年，岐阜市历史博物馆。

【31】以蘸过醋的香鱼腹里填入醋饭后放入桶子内制成的寿司。因为桶子的形状形似取井水用的钓瓶（水桶）而得名。

之后，寿司因此兴盛了起来。

如果从绘画作品来推敲，在平民百姓们中的江户寿司是以什么样的形式被贩卖的呢？先是从腌在木桶里的形态开始，逐渐演变成腌在盒子里，继而再从“箱寿司”“押寿司”“握寿司”“豆皮寿司”一路演变；从沿街叫卖到摊子上贩售，进入江户后期后甚至发展至店面贩售的形态了。

从画有当时商人把寿司装得满满的再一盒盒地叠起来挑着沿街叫卖的绘图作品上看来，似乎担子上挑荷着的数量有五盒至十盒之多。但是后来握寿司开始在摊子上贩售后，生意就被定点贩售的摊贩给抢走了。

根据鸢鱼的记载，“早寿司”是因为在那之前的“押寿司”至少都得花上两三天等食材发酵才能食用。人们在思考如何才能缩短押寿司的制作时间时，想出了干脆把醋混进饭里增添酸味的点子。这个大概是自然而然被想出来的法子，但也有一说，这是延宝年间（一六七三～一六八一），一个名叫松元善甫的人之发明。

附带一提，据说最近市售的腌渍食品口感，并非靠着时间一点一滴发酵而成的香气跟味道，而是在事先用盐腌过，去除多余的盐分后浸入调味料中包装，使其在运送过程中入味。这样的制作方式与“早寿司”的发祥倒是颇为相近。据说是在一八二〇年（文政三年）前后出现的“握寿司”，恰巧解决了人们连把食材填入盒子里慢慢压实的片刻时间都不愿意等待，想要更快做出寿司的需求。“握寿司”是指加了醋的饭，配上调味过了的江户近海鱼货，手工捏制而成的寿司。

如此崭新的制作方式彻底颠覆了长久以来制作寿司时，无论长短多久都需要等待食材入味熟成的时间概念。既不需要“过两天再来”也不用“等上几小时”，马上就能做好，马上就吃得到。而且以正好一口的大小，还能在很多种类里头挑选——不仅能够配合个人的喜好亦能调节分量。

再说，“握寿司”用的寿司饭是只用了醋调味的米饭。虽说摆在上头的料也是调过味的，但食材本身的好坏一吃就知，可说是握寿司的优势。而且以制作的人来说，不需要受限于盒子或压制寿司的道具就能做得出来，也是一大优点。

先前所提到的歌川广重所描绘的《东都名所高轮二十六夜待游兴之图》（参阅封面）一图里也画着寿司摊的情景；特别是店家捏制“握寿司”的手法看起来蛮有两下子功夫的。在人挤人的喧闹中边买边吃，想必更是别具一番风味吧。光是看着这幅画，仿佛都能听见街上车水马龙的喧嚣声。

话说，笔者曾经在大年初一出门参拜时造访过龟户天神社。看着围在神社境内的摊商旁边等着买东西的群众，我心想他们所感受到的兴奋之情应该不亚于江户时代的人们逛集市时的感觉吧！（当然，无论是摊子上卖的东西或者是摊子的陈设都与江户时代大相径庭）以这样的角度来看东京内各处被高楼大厦所环绕的神社或稻荷神社境内，仿佛只有那里的时间是静止的，可以说是带有怀旧氛围，具有一种很不可思议的空间感。茶摊上卖着甜酒、点心或伴手礼的情景也存留着不少过去的历史残影。

《守贞谩稿》里有描绘“握寿司”的图画。依据书上对图画的文字说明，江户时代的“握寿司”有鸡蛋、车虾、虾肉末、白鱼、鲔鱼生鱼片、小鲫鱼、红烧海鳗（带甜味）、海苔卷等口味。除了鸡蛋握寿司十六文钱以外，其他口味一律八文钱。搭配醋腌嫩姜、姬蓼等佐料，再用山白竹的雕花叶片做食材间的区隔。在关西地区，不用山白竹叶而是选用叶兰的叶子；佐料则选用以梅子醋腌渍而成的红姜——这些都是江户的握寿司不同之处。

八种种类的“握寿司”（出自《守贞谩稿》）。

根据《飞鸟川》里的叙述，“在以前如果要跟人说自己吃了鲔鱼得在耳边小声地说，现今鲔鱼居然也出现在要呈给达官显要们的菜色里，这真是有趣的事”，可见鲔鱼过去在一般人的眼里价值并不高。在一八三一年（天保二年）鲔鱼的捕获量过多，因而被运用于寿司的材料上。之后，一提到寿司大家就会联想到鲔鱼，到了近代，富含鱼脂的鲔鱼肚更因价高而受到珍视。日本人对其入口即化的滑嫩口感更是啧啧称赞。

接下来，来看看在江户盛传于民间的料理书籍里头，记载着什么样的寿司呢？

□■做个寿司还要花一整晚的工夫？

首先，江户时代以一般大众为对象的料理书籍先驱《料理物语》（一六四三年〔宽永二十年〕）里记载着“一夜寿司”的做法：

把香鱼洗净备用，加入饭里调味用的盐要多于平时的分量，将调过味的米饭填入鱼腹内后用草束将鱼整个包起来。在院子里升火，连同草束一起烤，之后再用草席包住，来回捆个两三回后再重新放回火上，然后再以重石压住。

或者，将食材牢牢地捆在柱子上也可以。等上一夜即可制成。不能使用事先用盐腌过的香鱼。

这本《料理物语》并非以当时的料理派别的专家为对象所撰写的专门书籍，而且“一夜寿司”的料理方法还列于当中《万闻书之部》一章开头的地方。虽然当时还不是使用在饭里淋上醋或酒的做法，但在“如何早点做成”这个需求上已经下了功夫，想出了将食材捆在柱子上加速其熟成的方法，确实不简单。能想出加温烤过让食物快熟的点子，可见当时的人们已经掌握了若要让食物发酵，控制温度是重要因素的窍门。

约九十年后，在江户中期出版的料理书籍《料理纲目调味抄》（一七三〇年〔享保十五年〕）里记载着：

鲷鱼、鲈鱼、鲳鱼、鲭鱼、竹荚鱼、鲣鱼、马鲛鱼、石首鱼、沙丁鱼、鲕鱼、鳟鱼、鲑鱼、鳅鱼、鲤鱼、鳗鱼等以上鱼种只取鱼肉，铺平可制成“柿寿司”。鲫鱼、香鱼、黄鲴鱼、鲋鱼、诸子鱼、追河鱼等以上鱼种可用来制作“丸寿司”。这些鱼种因可取自河边，如果趁新鲜就直接腌渍的话，连鱼骨都能变软。鲫鱼用盐腌上一晚后洗掉多余盐分，再将事先用盐调味的米饭塞入鱼肚，连鱼鳃处都要填满，即是所谓的“生寿司”。鲫鱼、鲭鱼需去除鱼骨；鲻鱼得去掉七成的鱼骨，洗净之后在大量的老酒里浸上一夜后取出沥干，将白饭跟盐巴塞入鱼腹中，再用粽叶把鱼裹起来置入木桶内排好，然后用饭跟盐将空隙填满，最后摆上重石压制。春天时约三四天，夏天时两天左右即可制成“驯寿司”。

“柿寿司”属于“箱寿司”的一种。因为将材料的鱼肉切成薄片排放在饭上面，看起来就像当时盖在屋顶上的薄木板而得名。先前介绍过的《料理物语》一书里也记载着鲑鱼柿寿司的做法。

再经过约七十年后出版的《即席料理素人庖丁》（一八〇三年〔享和三年〕）一书里亦有关于“丸寿司”“箱寿司”以及“柿寿司”等的图解做法。如同先前说过的，据传“握寿司”问世于一八〇二年（文政三年）前后，因此上述那些料理书籍里所记载的都还是属于“驯寿司”“早寿司”的范畴之内。

“握寿司”最初是把饭佐以醋、酱油、砂糖等调味料，再加上捕自江户湾便宜取得的鱼货，将这些食材精心调理过后，假借关西地区流传而来的“押寿司”“箱寿司”之名贩售的食物。后来居然一路演变成一提起寿司指的就是“握寿司”的地步。但在刚开始的时候，因为是以沿街叫卖或摊商的形态贩售之故，所以“握寿司”带有着那是平民百姓们吃的东西的印象。

□■天冷就是要端出“温寿司”待客才周到

《名饭部类》(一八〇二年〔享和二年〕) 一书里列举了一百四十九种之多的饭食料理。在料理方法的内文叙述里：关于“寿司”该项食品分列有“寿司类”“丸寿司”等章节。其中“寿司类”一节里以“柿寿司”为始列有十三种，“丸寿司”一节列有二十种；共计列有三十三种的寿司。而在“寿司类”一节的前言里写道：

市面上卖鱼的商家们逐渐熟悉寿司的制作方法，开起店铺向世人推广寿司。无论是否写进书里，笔者把寿司的种类名称与制作方式记录下来的理由，是为了要方便读者们在制作寿司时有备忘录可用。

由上文可得知这本书的读者是一般市井小民。内容居然也提到了现今仍可通用的米饭料理手法，真是令人心生佩服。以下简单介绍几道菜的做法：

卷寿司（又名海苔卷寿司）——

将浅草海苔在板子上铺平，然后放上先前提到的柿寿司用的饭。再加上鲷鱼、鲍鱼、香菇、鸭儿芹、紫苏苗等材料，把以上食材用力卷好固定，盖上湿布放一下后再切段食用。

茶巾寿司——

鸡蛋去壳，把蛋黄跟蛋白分别放入磁钵中，搅拌均匀。像平时一样把蛋白跟蛋黄分开来各自搅拌后煎成薄薄的蛋皮。摆上饭肉等馅料后将蛋皮包起来做成像茶巾饼的样子。

就算是与现今的寿司名字相同，如果仔细比较其中做法的话就知道指的不一定是同一种料理。虽说是到了江户时代的后期，但当时海苔卷寿司与茶巾寿司也已经被开发出来了。《名饭部类》一书的作者是位名为杉野权右卫门的京都医生。书里他所写的关于“温寿司”的内容颇有意思，以下简单略作介绍——

所谓的“温寿司”是趁着饭还热腾腾的时候，先做成像“柿寿司”的样子，然后用棉被包起来，等到温度降到不冷不热的时候才切了上桌。我原以为这是因为先有了“温寿司”一词，而后才有人想出来的做法。实际上如果真照做的话，就算是再寒冷的天气，食材应该还是会坏掉而无法食用吧？但是，后来有位厨师真因为觉得在寒冬里端出冰冷的食物给客人也不是办法，而照着这个方法试做之后，发现“温寿司”果真好吃。可见我们不能因为是传闻或者凭着自己的常识就误把好吃的食物当成是坏掉的东西。

听到“温寿司”一词笔者原以为是用蒸的寿司。读了内容才知道原来是用热腾腾的白饭所做成的寿司。

以上是料理书籍里关于寿司的记载。那么，实际上的江户寿司又是怎样的呢？

□■逐渐成为国民美食的寿司

《嬉游笑览》书中关于“食寿司”的章节记载着——

江户时代的读物《江户鹿子》里记载：一六八七年（贞享四年）间在舟町横町开了两家分别叫“近江屋”以及“骏河屋”的寿司店。只是当时所谓的寿司仅仅是腌了几天的鱼。后来，根据《后为昔物语》一书的记载，“おまんずし”[32]（o–man–zusi）也是自宝

【32】おまんずし（o–man–zusi）是以腌渍鱼跟黄豆渣做成的寿司。其是使用于婚礼或祭典等场合的传统料理。

历年间才开始出现。寿司名称的命名由来是取自京桥、中桥一处叫“o–man–ga–be–ni”的地名。

从插图上看起来像是将“押寿司”如同现今的蛋糕般切片贩售的样子。而且在文末《嬉游笑览》的作者筠庭自己也提到：在文化年间（一八〇四～一八一八）初期，深川的六轩堀里开了家“松之寿司”的专门店后，世间的寿司风潮为之一变。因此一般认为这应该就是指“握寿司”的出现一事。这家“松之寿司”是江户深川地区的安宅里的一家叫“いさごずし”（isago–zusi）的寿司店的通称。另外，由画师歌川国芳所画的《缟揃女弁庆松の鮨》[33]一图里也可看到当时“松之寿司”店里制作“握寿司”的样子：图画中由盒子里拿出来盛在盘子上的正是“押寿司”跟虾子做的“握寿司”[34]。

另外，从画有摊贩上的寿司之图画作品看来，一七八六年（天明六年）的《绘本江户爵》里画的是“押寿司”。一八三〇年（文政十三年）的《金储花盛场》里画的是“握寿司”。一八三七年（天保八年）的《东都名所高轮二十六夜待游兴图》里画的是“握寿司”。于是，摊子上的“握寿司”一边以庶民口味而博得大众的喜爱，另一边又以“松之寿司”“与兵卫寿司”一类的专门店形态逐渐地高级化。由武州

【33】歌川国芳所绘，身着『弁庆』格纹和服的美人图系列画作之一。

【34】出自《寿司》，一九九二年，岐阜市历史博物馆。

忍蕃[35]的低阶武士所撰的《石城日记》（一八六一年〔文久元年〕）里，绘有作者本人自己制作“散寿司”[36]的情景。

作为速食的“押寿司”“握寿司”以及作为贡品的“驯寿司”等各式各样的寿司受到了当时日本各个阶层的喜好以及享用。当时市面上还另外售有豆皮寿司，填塞了豆渣的豆皮寿司也在稻米产量不足、闹饥荒的时候派上用场。

【35】江户时代藩国名，现埼玉县行田市。

【36】将做握寿司用的鱼虾等食材直接散撒在醋饭上而成的寿司。

4 打败乌冬面攻占江户人餐桌的荞麦面

□■江户外食文化中大受瞩目的新兴明星

据闻，荞麦被大宗制成面条食用的情形始于江户时代（一般以一五七四年〔天正二年〕的《定胜寺文书》为最早的记录）。在那之前多半是制成荞麦面团、荞麦疙瘩、荞麦饼、荞麦粥等形态以供食用。而将制成条状后蒸熟的“荞麦面”蘸着酱汁从“猪口”[37]杯中豪迈地吸食的吃法很对江户人的胃口，因此在当时荞麦面比乌冬面更受欢迎。

由于高汤与酱油的普及增添了酱汁的风味，在美味的酱汁的推波助澜之下，有用蒸笼蒸熟的荞麦干面[38]，也有淋上汤汁的荞麦汤面……各式各样的荞麦面开始在江户流行了起来。再加上摊子、点心屋、料亭、专卖店等，从简陋的路边摊到高级的专卖店，各类贩卖方式把荞麦面打造成了江户的外食产业里头的明星。

日本的面类有乌冬面、荞麦面。虽然现今是关西乌冬、关东荞麦二分天下的局面，但在江户

【37】一般指酒杯或装于小容器的醋制料理。

【38】相对现今的荞麦干面则是以水冷却后再盛盘的凉面。

时代乌冬面跟荞麦面最早似乎是先出现在关西而后流传至江户地区。起初在江户也是以乌冬面为主流，但从较为早期开始比起乌冬面，江户人似乎就变得更偏好荞麦面些了。

乌冬面因为面粉里富含麸质，是靠着揉出面团的筋度与黏度而制成的面条。因小麦的品种以及揉制手法的异同，在口感上可以做出相当大的差别。因此借由揉面者的功夫与用心，便能做出各类别具特色的面条。另外，由于荞麦粉里不含麸质的缘故，光用荞麦粉就想制成面条状的话得有相当程度的技术，也就是说得要在“凝结剂”上多费心才能做出各类各样的面条。

话说，江户时代的荞麦面到底是什么样的呢？让我们从《料理物语》(一六四三年〔宽永二十年〕)《御段之部》一章里记载的“荞麦干面”内文来一探究竟——

可以用取自白粥里的汤水来和面团，或者用温水也可以，另外也有将豆腐磨碎加水后和入面团的做法。面团揉好后分成一小团一小团备用。烫面时用的水不能太少。烫好后将面条用筛子取出，放入温水中轻轻地洗过，放回竹筛上后用滚水浇淋，并将湿布盖在上面防止面条变冷。等水气沥干后就可拿出来吃了。使用的酱汁跟乌冬面用的酱汁一样，如果能再加入煮白萝卜时的汤汁就更好了！可以配上柴鱼片、白萝卜泥、细葱末一类的佐料。或者用黄芥末或芥末搭来吃也不错。

从以上的叙述来看，因为要把荞麦粉揉制成面条并不容易，所以或以浮在白粥上层的汤汁，或用加了水的豆腐细渣作为凝结剂，又或者在和面的时候以温水取代冷水——当时的人在制面过程中下了不少功夫。

在《定胜寺文书》里记录着："一五七四年（天正二年）三月二十六日，在长野的定胜寺被请了荞麦干面。"这被视为关于荞麦面起源的最早的文字记录。同时也由此得知原本荞麦面是寺庙里的菜肴。但引人注目的是在当时是配着什么样的酱汁吃的呢？跟乌冬面一样也是蘸着酱汁食用的食物，所以来看看《料理物语》一书里关于乌冬面的记载：

不管是采用哪种面粉或者面揉了多久，制作乌冬面最重要的还是取决于和面时添加的盐分比例。夏天的话，一升[39]盐配三升水。冬天的话则改为一升盐配五升水。盐水调制好后加入面粉里开始揉面。揉好后再把面团置入木臼中仔细捣过，等捣得差不多了，再把面团分成小团后揉圆备用，要注意不要让面团表面产生裂痕。把整形过的面团放入饭桶里备用，要盖上湿布以免面团接触过多空气而风干了。再分次取出来打面。要煮多久则需随时注意面条的熟度。佐料酱汁可用"煮贯"或"垂味噌"。另可搭配胡椒或梅干一起食用。

【39】升，日本的容量单位量词，约等同一点八公升。

由上文可知，当时使用的蘸酱是“煮贯”跟“垂味噌”两种酱汁。先将一升味噌加入三升水揉匀后放入袋中慢慢滴出来的酱汁称为“生垂”，再将“生垂”加入柴鱼片熬煮后再过滤出来的酱汁即为“煮贯”。

“垂味噌”则是一升味噌加入三升五合[40]水熬煮，等收汁至三升左右后倒入袋中滴出的酱汁称为“垂[41]味噌”。这是相当费工夫的制法，但家里若自制味噌的话，在储藏的过程中就会分泌出像酱油般的液体来。这个液体澄澈，气味香浓，尝起来也很好吃。

这本书里还另有关于高汤的记载。由此可以得知被称作日本料理特征的柴鱼片从这个时候就开始被运用于料理上了，虽然要到普及化还得花上一段时间，但进入江户后半期，酱油跟柴鱼片就已算常见，在短短的时间内，从料亭、路边摊甚至连沿街叫卖的小担子都可以见到这些调味品的踪迹了。

□■取代乌冬面主流地位的荞麦面

“けんどん”（ken-don）一词在讲谈社出版的《江户语辞典》（一九七九年）里，汉字写成“慳贪”，原意是指为人小气却又贪心，无慈悲心，欺压弱小。第二个解释为：用汤汁煮过，分好装盘了的馄饨[42]或是荞麦面。又作“ken-don 馄饨”或

【40】合，日本的容量单位量词，为『升』的十分之一。

【41】『垂』字在日文中为滴落的意思。

【42】汉字『馄饨』在日文里为乌冬面的意思。

“ken-don 荞麦”。

暂且不管“けんどん”（ken-don）一词的指代含义，不以客人想吃的分量多寡，而以商家的方便为优先，把煮好了的面先行分盘装好，一律固定分量贩售的方式，因为店家省了劳力成本就把售价压低的关系，当时在平民百姓之间颇受好评。

由菊冈沾凉著，记载着风俗习惯或名称由来的散文集《本朝世事谈绮》（一七三四年〔享保十九年〕）里提到：

“けんどん”最早是由一家叫“江府濑户物町信浓屋”的店研发出来的面食，后来才在各处流行起来。在“境町市川屋”“崛江町若菜屋”“本町布袋屋”“大锯町桐屋”……各店百家争鸣之中，又以“铃木町丹波屋与作”这间店的最负盛名。至于为何会把这种面食取名为“悭贪”呢？是因为吃的人会想独自享用，不愿意分给其他人。再加上店家也不对上门的客人有什么殷勤的服务，也不特别招呼客人，态度冷淡，因而得名。但另一方面，因为店家省了那些客服的繁文缛节，相对地客人也因低廉的售价而得以节省开销，因此面食名称又另称作“俭饨”（同音异字）。

由上文看来，把面条冠上“けんどん”（ken-don）一词的似乎不是小摊商而是那些开着店铺卖面的商家。而又经过了很长一段时间后，根据十九世纪的柳亭种彦所撰，关于近世初期的风俗习惯书籍《用舍箱》（一八四一年〔天保十二年〕），对于面食称呼的变化做了以下考证：

以前主要是在卖乌冬面，然后在一旁兼卖荞麦面。现在荞麦面流行起来成了主流商品，在一旁兼卖着的却是乌冬面了。面店被称为“悭贪屋”是从宽文（一六六一～一六七三）中期开始的，但在享保（一七一六～一七三六）年间以前是没有“荞麦屋”这种说法的。

看样子，因为受到江户人的欢迎，荞麦面后来居上取代了乌冬面原本的主流地位。至于荞麦屋卖的荞麦面之记载可参考西泽一凤写的《皇都午睡》（一八五〇年〔嘉永三年〕）一书。荞麦面可分为两大类，一种叫“MORI”，另一种叫“KAKE”。“MORI”是在叫“猪口”的广口小杯里注入酱汁，然后将面条蘸着酱汁吃的荞麦干面。“ KAKE”则是淋上大量汤汁食用的汤面。“KAKE”的吃法后来以路边摊、二八荞麦、夜鹰荞麦、风铃荞麦[43]等各种贩卖方式流行了起来。

对住在长屋里的老百姓们来说，摊贩是日常生活里的一部分。但对变得较为富裕的人们而言，在路边摊上买东西吃东西就有失自己的身份了。相对地，在店铺形态的荞麦面店里还兼卖酒，客人们可以在店内边吃面边喝酒，享受一时的乐趣。

【43】在摊子上挂着风铃，在晚上沿街贩卖的面摊。

□■“二八荞麦面”为什么是二和八？

再介绍另外一份历史资料《旧观帖》[44]中的第三篇。在篇章题目的简介里介绍了一本叫《有喜世物真似》的书。那本书有如是江户时代版的《坏心眼的老婆婆》[45]，是本相当有趣的讽刺小说。话说……有个年近六十岁的老婆婆带着两名年轻的外甥从奥州[46]来到江户观光，在观赏完两国隅田川夏日祭典的归途上，不慎卷入了路上的纷争。在一阵纷乱之下，老婆婆整个人摔飞进路旁“二八荞麦”面摊的招牌灯笼里，还卡着灯笼满场跑。荞麦面店送外卖的店员吓了一大跳说：

（原书插图里的台词）

“不得了啦！居然从招牌的灯笼里生出了个老太婆。我们卖的是‘二八荞麦’，听起来从灯笼里出来的应该要是个十六岁的小姑娘！啥！？原来二八是八八六十四的意思呀？好吧……”

（弄坏店家招牌的老婆婆一行人决定在荞麦面店里用餐）

【44】江户时代的幽默讽刺小说，感和亭鬼武著，一八〇九年（文化六年）出版。

【45】一九六六～一九七一年间日本每日新闻社所发行的周刊《Sunday每日》上的连载四格漫画，作者为长谷川町子。

【46】现福岛、宫城、岩手、青森四县与一部分的秋田县。

“可以‘KAKE’吗？”“什么！？不成不成！每个人都得付现才行。”

“不是啦！我是在问荞麦面要做干的（MORI）还是汤的（KAKE）啦！”

（KAKE有两种意思，一是赊账，二是汤面；此处的台词用了双关语来开玩笑）

首先是关于“二八荞麦”一词的起源。有一说是，二乘以八等于十六，正好荞麦面的售价是一碗十六文钱，因此得名。另有一说，面团是以小麦粉二、荞麦粉八的比例揉制而成的，因此名为二八荞麦。众说纷纭，不论哪种说法听起来都解释得通，但似乎源自价格一说是占了上风，因此在本文内就不特别深究了。

另外，《嬉游笑览》卷十上集《饮食篇》关于“荞麦”有着以下的说明：

当今荞麦面有名的产地信州（现长野县）的人们都说：荞麦面其实是发源于甲州（现山梨县）。当时有很多人到甲州的天目山参拜。当地人就算想供餐给前来参拜的信众们，也碍于稻米跟小麦的存量不多，因此百般考虑之下就想出了用荞麦来做些吃的，以供住宿的信众们食用的点子。后来是在得知乌冬面的制作方法之后才仿制出了现在的荞麦面来。荞麦面是最近才出现的，早期只有荞麦面疙瘩。《昔昔物语》里曾提到，宽文四年的时候，出现了一种叫“悭贪荞麦”的小吃，低下阶层的老百姓们会买来吃，但当时的贵族们是不吃那种东西的。但近年来身份地位高的人们也开始吃起了这类食物。因为是在相当高级的场所吃的，所以又被称为“大名 ken-don”。

□■从正式餐馆到路边摊，大家都在吃

《嬉游笑览》出版于一八三〇年（文政十三年），从书上就可以得知，到了这个时候不论身份地位高低，荞麦已经变成是人们经常食用的食物了。而且荞麦面店里的菜单也变得多样化起来。根据江户末期的《守贞谩稿》里的描述，江户的荞麦面店多到每一区都有一家，售价也从原本的十六文钱调整成二十四文钱。从种类上来看：

御膳大蒸笼	四十八文钱（大碗的蒸荞麦面）
荞麦	十六文钱（一般的荞麦面）
苟欠乌冬	十六文钱
炸米花荞麦	二十四文钱（加了贝柱〔蛤蜊〕）
天妇罗荞麦	三十二文钱（加了炸草虾）
花卷荞麦	二十四文钱（加了浅草产的海苔）
卓袱荞麦	二十四文钱（加了煎蛋、鱼板、香菇、荸荠一

	类的配料）
蛋包荞麦	三十二文钱
上等好酒一合	四十文钱

像这样，因为酱油跟柴鱼的普及化，荞麦面在以汤为主的食物里特别受到人们的喜爱，从正式的店铺到路边摊，江户人以各种形态培育出了荞麦面的饮食文化。上至寒冬中夜游归来的路上暖腹用的荞麦面，下至平日的一餐，当时荞麦面在人们生活中的地位与现今的拉面颇为相似。

在介绍过天妇罗、握寿司、荞麦面后，还有一项不能不提的就是蒲烧鳗鱼了。

5 鳗鱼就是要吃江户前

若要提到日本食品里以蒲字为首的食物的话，“蒲鉾”（鱼糕／鱼板）与“蒲烧”应可作为代表吧。菖蒲并非食用性植物，但因其特有的花序形状，因此被当成食物的命名。“蒲鉾”与“蒲烧”两种食物之间看起来似乎没有共通点，但若追溯源头的话，用竹签串着烤这点是相同的。

“蒲鉾”最初是用竹签裹上鱼浆后烤着吃的食物，慢慢演化成竹轮形状，而后又变成把鱼浆抹在木片上抹成半月形后再蒸熟了吃的形态。“蒲鉾”是随着研磨钵的普及化而广为流传的食品，幕府将军后宫的厨房甚至还配有专职做“蒲鉾”的厨师。料理书籍里也经常会提到有关“蒲鉾”的菜色。在江户是不可或缺的加工食品。

另一方面，“蒲烧”是把处理过的鳗鱼烤来吃，因此这道菜在制作上可说是相对简单，但因为鳗鱼本身比较滑溜，所以在前置作业的处理上比较麻烦。不难想象在早期阶段人们一定也思考过：“到底是要直接简单切块？或者是要一整条就直接用竹签插着烤呢？”这类的问题。鳗鱼烤得恰到好处的话看起来确实很像菖蒲的花序。但鳗鱼的骨头很硬，因此为了方便食用后来又改良成先剖开来再烤，演变成今日我们看到的“蒲烧”的样子。这也是因为酱油跟砂糖变得容易取得后所发展出来的食品。

若是要提到《万叶集》中与鳗鱼有关的和歌，一定得提到众所皆知的大伴家持[47]的作品：

给石麻吕阁下：听说鳗鱼对夏日消瘦之症有效，快去捕来吃吧！

像鳗鱼那样滑溜的鱼种在古代的西洋也被视为珍贵的食用鱼。另外，七鳃鳗对于改善夜盲症有效一事广为人知，在日本，人们认为鳗鱼对消暑气有其功效。近来，鱼油特别受到民众的瞩目，事实上从营养学的观点来说，鱼油也确实是对健康有益。鳗鱼的鱼油里除了有维生素 A、B、E 等成分外还富含 DHA（二十二碳六烯酸，俗称脑黄金），对于防止老化有其功效，可说是优良食材。但因为现在市面上充斥着养殖业者所生产的鳗鱼，食物本身已经变得不是那么稀罕了，所以也就不会因为鳗鱼的营养价值高就特别去找来吃。不容否认的是，现在对于这种食物确实是少了点需要珍惜的感觉。

大阪的料理方法是把鳗鱼剖开来吃或者加在饭里吃，但在江户则是把调味用的酱汁煮得浓稠些，

【47】奈良时代代表歌人，留下许多长歌、短歌等和歌作品，可见于日语现存最早的诗歌总集《万叶集》，影响日本文学甚深。

然后把鳗鱼铺在饭上做成鳗鱼饭食用。在关西地区是把肥美的鳗鱼由鱼肚剖开来直接烤着吃，在江户一带则是从鱼背剖开，先蒸过后再烤。

江户人认为在日本各地产的鳗鱼当中，就数在江户湾捕获的最为好吃，对此很引以为傲，还会特别强调是“江户前（江户近海）的鳗鱼”。曾经一度只要一提到是“江户前”指的就是鳗鱼。附带一提，当中又以浅草川跟深川产的鳗鱼最为人珍视。

《近世职人尽绘词》里：卖蒲烧鳗鱼的店门口摆着“江户前大蒲烧”的招牌。店内，只见老板负责杀鱼，老板娘则负责烤鳗鱼，两人夫唱妇随地正在店里头忙着。老板娘的台词：“我们家卖的可不是那种旅鳗[48]，这些全是从江户近海捕来的呢！”

可见在当时如果卖的是来自江户湾以外产区的鳗鱼就不值得一提了。同时“词书”[49]里还解释：

> “鳗鱼”（u–na–gi）发音近似“好吃”（u–ma–i）。“蒲烧”（ka–ba–ya–ki）发音近似“好香”（kaori–yoshi）。鳗鱼当中又以隅田川产的最好，称为“江户前”。街坊上的酒馆因为经常有人发生争吵（i–sa–ka–i），取其谐音，因此酒馆就叫“居酒屋”（i–za–ka–ya）。出入酒馆的都是些身份卑贱的汉子。这些男人被称为“江户前的人”（具反讽之意）。

【48】江户人认为捕自江户近海的鳗鱼最好吃，所以把捕自江户湾的鳗鱼称为『江户前』；而把来自其他产地的鳗鱼称为『旅鳗』。

【49】画册里关于图画的解说文。

若说这些内容是在玩弄辞藻的话，确实不过如此。但能想到这些也实在是饱富机智语带幽默，仿佛还能听见江户人的笑声呢！不过话说回来，那些都是天然食材，该要有多好吃呢！

在本书中常提到的这本画册《近世职人尽绘词》是由锹形蕙斋[50]所绘，解说图话的说明文“词书”则由四方赤良（别号大田蜀山人）、手柄冈持（又名平泽平格）、山东京传三人所撰写。

□■成就日本料理底蕴的江户速食

以上陆续介绍了江户速食的代表性食品天妇罗、握寿司、荞麦面、蒲烧鳗鱼。据说这些食物变得流行是在天明年间（一七八一～一七八九）才开始的事。老百姓们变得比较有影响力，虽然是在封建制度之下，但正好是处于整个社会风气变得比较自由的时候，各个领域的文化蓬勃发展，在这样的社会背景之下，外食文化也随之兴盛了起来。

像是闹区、大马路或者是寺庙神社的庙会、烟火大会、赏月等娱乐活动的地点，卖老百姓们食物的摊贩在这些人群聚集的地方逐渐发展了起来。来来往往热闹的人群当中，在路旁边买边吃的行为变得可行。原本武士出身、大商人或町屋[51]的居民认为在外头边买边吃这种行为是地位

【50】锹形蕙斋，又名北尾政美，江户后期浮世绘师，生于一七六四年，一八二四年殁。

【51】江户时代的小型集合式住宅。

低贱的人才会做的事，因此当他们外出时通常是自己带便当或者是叫外送。

说到这个，笔者想请大家回想一下一九七一年卖汉堡的速食店自美国登陆日本时的情形。当时因为主办奥运[52]的关系日本经济急速成长。在那之前，即便在正式的场合里偶尔会有放下身段不拘小节地在路上边走边吃的机会，但在平时，一般说来边走边吃的行为是会引人侧目的。由于现代自由奔放的年轻人们热衷于将这样的行为导入日常生活里，现今边走边吃也变得不是什么值得大惊小怪的事了。

江户时代路边摊上卖的速食一开始也只出现在庙会祭典这类人潮会特别多的时候，但到了后半期在许多热闹的地点，路边摊已经成为常设性营业，融入人们的日常生活里了。天妇罗、荞麦面、蒲烧鳗鱼、关东煮等速食，从路边摊到店铺，有着各式各样的营业形态。

就像英国的炸鱼薯条或是美国的炸鸡，江户时代流行的速食里又以油炸食品“天妇罗”最方便食用，既便宜又能得到饱腹感。因为这样的共通点，油炸食品同时受到东西方人民的喜爱，这点甚是有趣。

握寿司因江户活络的忙碌步调应运而生，可说是值得向世界夸耀之日本独特的美食。鱼货的鲜度与米饭的美味结合而成的酸味造就出美妙的食物，原属于江户百姓们的国民小吃“握寿司”也终究发展成了高级美食。

【52】此处指东京于一九六四年首次举办的第十八届夏季奥林匹克运动会。

荞麦被制成条状干面食用也是始于江户时代的事。路边的荞麦面摊被称作“风铃荞麦”或是“夜鹰荞麦”；因为是把面条放进碗里再淋上汤汁做成的食物，所以称为速食真是恰如其分。店铺形态的荞麦面店会同时兼卖酒，把荞麦做成汤面或干面，甚至还会在配料上下功夫，在面里加天妇罗或炸米花等，把荞麦面变得更好吃。

就这样，到了江户时代的后半期，老百姓们不得不以购买的方式来取得日常生活食材的家计状况，反而造就了各类食品的贩卖商机。然后又因此再开发出新的食品来满足人们旺盛的口腹之欲。

下一章，我们将探讨发展出这样大规模的外食文化的江户以及江户口味是如何产生的。

二

满足百万人胃袋的江户味

1 返回万物汇集、百万人口的大江户城

□■由穷乡僻壤摇身变成日本中心的“水都江户”

江户——现今日本中心东京的前身，自德川幕府在此建立政权以来，便开启了此地繁盛的荣景。历经四百年，虽然地名有所

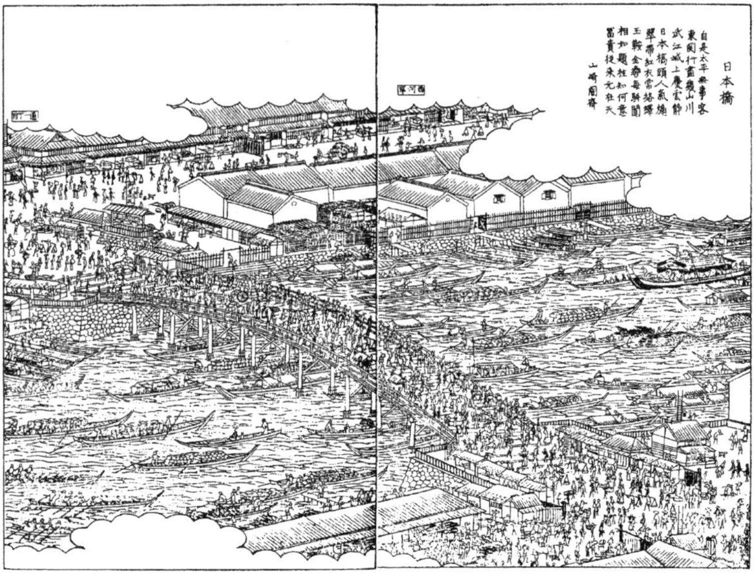

日本桥的热闹景象。图画下方的鱼市场内正在卸鱼货（出自《江户名所图会》）。

更迭，但至今仍不改其为日本政治文化中心的重要地位。而追溯江户时代长达两百六十多年的漫长岁月，可观察到江户虽然是由武士所创建的城市，但未曾经历过战争的洗礼。社会体制虽在封建制度的框架之中，但随着岁月流逝，社会的主导权也逐渐转移至老百姓们的手中。

那么，在德川家康创立幕府之前的江户，呈现的又是什么样的风貌呢？根据一九六四年出版的《世界大百科事典》（平凡社）里的内容：历史上第一次出现江户这个名称，见于史书《吾妻镜》。该书于治承四年（一一八〇年）十月的条目中记载着当地的旺族——江户太郎重长的名字。一三三七年（建武四年）出版的《圆觉寺文书》中则有“武藏国江户乡”一词。而后，江户以“城下町”[1]的形态开始发展，则是起源于室町时代中期一四五七年（长禄一年），扇谷上杉[2]氏的重臣——太田道灌建立江户城之时。

一五九〇年（天正十八年）八月一日，德川家康进入江户城，于一六〇三年（庆长八年）以“征夷大将军”的身份开启了江户幕府的政权。一直到一八六七年（庆应三年）十月，德川庆喜将政权归还日本皇室为止，江户的德川政权延续了两百六十多年之久。

不同于具有悠远传统的京都、奈良，江

【1】『城下町』为日本特有的城市建设形态，以领主所居住的城堡为中心来建设该城市。

【2】扇谷上杉为室町时代割据关东地区的上杉一族之一支。

户是由穷乡僻壤一夕之间摇身一变成为日本中心的新兴都市。北岛正元在《江户时代》[3]一书中提到：

太田道灌所开发的江户驿站，曾由后北条氏接手，最后变成德川氏统治之下的城下町，并成为其领域内的工商业重镇。当时后北条氏的大将远山氏所在的城郭，仅是用三四片船板并排而成的简陋府邸。德川家康入主江户后，曾将就短暂地使用了一阵子。虽然名义上是个城市，但也不过就是在城郭大门外有约一百户的茅草屋，江户城东则是一整片涨潮时会被海水淹没的茅草地。从现今的日比谷十字路口附近以南起连接着江户湾，有千代田、宝田、祝田等渔村散布沿岸。浅草观音寺一带可以采收到极富香味的海苔，海上则有鲸鱼悠游其中。

可以见得，德川家康是抱着创建新都市的梦想而迁移至此地的。江户的面积囊括了江户湾及其沿岸的五个台地，以及往下延伸的湿地。迁居之后，德川家康立即展开了他怀抱于心的都市建设。就如同他曾说过的话："如果鸟不啼，那就静待到牠啼为止吧"[4]，德川家康打造江户的理想是个远大的城市建设计划。首先，是确保水路：他命人将到隅田川为止的地面，挖凿出顺时针方向的蜗牛壳形水路，用以供给民生物资。当时的行德（现千叶县市川市）是盐的

【3】一九五八年，岩波书店出版。

【4】描述德川家康善于静待时机成熟才行动的性格。

产地，繁荣一时。所以开凿了一条名为小名木川的运河，以确保食盐的供给无虞。德川家康一步步确实地实践了他不愧身为战国时代武将才能想出的战略。从此，江户的物资运输自陆路转以水路为重，足以媲美意大利的威尼斯，这就是“水都江户”一称的由来。

□■促进全日本交流的“参勤交代”制度

除了开凿水路，另外德川幕府还以五大街道为中心，建立了横跨日本全国的道路网。此举使得各地诸侯的“参勤交代”[5]更加顺畅便利，也促进了各地的文化交流。因为所有的人、事、物都往江户汇集，使得江户成为名副其实的天下中心，极尽繁华。

“参勤交代”是依一六三五年（宽永十二年）制定的法令“武家诸法度”而产生的制度。德川家康殁于一六一六年（元和二年），所以该制度成形时他已不在人世。但自战国时代起便有的一种将自己的妻子家眷献给战争中胜利的那方以示臣服的制度。这种被称为“证人提出”的制度便是尔后的“参勤交代”制度的原型。

德川幕府授予各地大名诸侯位于江户的宅第，令其妻儿居住该处，并课予诸侯“一年在府（幕府），一年在国（封地）”的轮职义务。关东的谱代

【5】参勤交代，又作『参覲交替』，为江户幕府管理诸侯的一种制度。各地诸侯需定期前往将军所在处江户值勤一段时日后再返回所属封地执行政务。

大名[6]为半年轮职一次。虽然有对松前氏（北海道藩主）六年轮职一次，宗氏（北九州岛藩主）三年轮职一次的特例，但除此之外的其他“外样”“谱代”大名，即使不情愿也必须每年往返于江户与封地之间。

另外，所谓的“大名”，在江户时代是指俸禄有一万石[7]以上的诸侯及幕臣；“谱代”为“关原之战”前就顺服于德川家康者，而“外样”则是关原之战一役后才归顺者。

德川幕府对于“参勤交代”时大名所带的侍从人数也有规定，所以对大名而言，“参勤交代”的支出相当可观，而财力上的损耗致使大名诸侯无余力可与幕府作对。有一份江户东京博物馆根据法令集《御触书宽保集成》（一七二一年〔享保六年〕）所作成的资料，根据这份资料：薪俸二十万石以上的大名诸侯，“参勤交代”需有骑兵十五名至二十名、步兵一百二十人至一百三十人、杂役两百五十人至三百人，总计需有三百八十五人至四百五十人的随从。

一八二七年（文政十年）加贺藩主的参勤交代，当时总人数甚至高达一千九百六十九人。盛冈藩主入城需要花上十二天十一夜或十三天十二夜；若是鸟取藩主一行甚至要花上二十二天二十一夜才能全数入城。

这些人们的移动，自然而然地促成了日本地方文化的交流，使得凡事万物都汇集至江户。幕府赐

【6】江户时代诸侯的封号。

【7】『石』为当时的计量单位，以米来换算为一千合，约等于一百五十公斤。

给大名们使用的宅第（上屋敷、中屋敷、下屋敷[8]），无论是主屋、偏屋或别墅皆环绕着江户城而建，据说房屋总数约有六百间，总面积达一千两百万坪（1坪等于旧亩的三十分之一，合3.3057平方米。）左右。

□■如何才能满足巨型都市的胃囊？

江户中期以后，江户的总人口数已高达百万人，超越当时有七十万人口的伦敦，跻身世界性的大都市。其中大名或武士的居住地约占有江户总面积的百分之六十至百分之七十，寺庙及神社用地占百分之十五，剩余约百分之二十的土地上则住着五十多万名老百姓。

为了满足江户百万人口的胃囊，在食物方面人们也下了各种功夫。武士阶层的人家，拥有自家土地可以开辟农园，但位阶较低的武士或平民百姓由于没有自己的土地所以无法自给自足，因此生活上所需要的物资势必得向他人购买取得。

于是，发展出了挑着担子贩卖食物的经商形态。另外，在大马路上的商店，初期是来自上方（关西地区）的商人聚集于此，在江户以关西商店的分号的形态经营。最终，除了需要跋山涉水的陆路运输之外，海上运输也日益发达，江户百姓的生

【8】屋敷为日本宅邸的称呼方式。此处提及的上屋敷为本宅，当上屋敷不敷使用时，若得营造许可，即可建造中屋敷、下屋敷。亦有以下屋敷为别墅。

活变得相当依赖来自关西地区，例如酱油、油、酒等这类被称为“下行物”的商品。江户时期的大阪是日本主要的商品集散地，而最大的消费群就是江户。

文化年间出版的《飞鸟川》一书里记载了当时的景况，列举了与食物有关的内文叙述如下：

从前烟火、酸浆、水煮栗子、硫黄木片（引火用）、奈良团扇这类是小孩子们在卖的东西，他们戴着斗笠别着歌舞伎演员的家纹四处叫卖商品；但现在已经看不到这种景象了。最近都是叫卖鱼、青菜的担子，看小贩前前后后摇晃着担子沿街叫卖的动作也是蛮有趣的。

同一处（指两国广小路）还有家叫五十岚兵库的美发店。那是家屋顶铺着铜瓦片的老店。卖“几世饼”的小松屋喜兵卫也是家老店，从我们小时候就是了。

青菜从前是在肩挑着的篮子里再放个四方形的盒子，里头摆些较细致的菜，沿街叫卖的贩卖形态，现在已经不是了。冬瓜的切片贩卖也是最近才想出来的点子。但那也未免太贴心了吧！

浅草的真乳山圣天宫，山号[9]叫金龙山。庙口有家卖米馒头的店铺，是那里的特产。我记得从我小时候那家店就在。

两国广小路以前早上有卖早餐小菜的早市。但近来

【9】日本以前的寺庙多依山而建，因此在寺庙名称前通常会冠个所在地的山号。

这几年所有的青菜都拿到两国广小路那里去卖，除此之外还有先浸泡过水已经洗掉多余盐分的各式各样的腌渍食品。另外也有马上就能下锅已经事先切过处理好的食材。这是个值得一逛的地方。

产自日本桥的紫苏穗如果三月上市的话是很稀奇的事。芋头原本也是不到七月中旬不会上市的农产品，这几年六月初就可以在市面上看到了。这世道已经变得凡事都争先恐后了。

卖豆腐的店照理来说是早上四点就开始准备，以便能来得及赶上大家的早餐时间。但这几年居然出现了早上卖的豆腐居然是隔夜剩货的情况。

以前被称为“kudari-giyausen”的麦芽糖是装在小桶子里沿街叫卖的食品。转变成摊贩的贩卖形态后改称为“kezuri-giyausen”。而后摊子上也开始卖起炖鱼、糕点等食品。这类被称作四文钱商店的摊贩遍布于两国一带，从柳原一路延伸到芝，景象非常的热闹。除此之外还有茶屋，光两国一地就不晓得开了多少家。在王子、崛之内、牛岛附近的店家，因为进了很多美食佳肴，自然那一带的物价就随之高涨，结果变得大家做生意都没什么利润可言，反而得不偿失。

另外，gyo-senn 汉字写作“凝煎”；《江户语辞典》里记载：安永四年・物类（品项）称呼第四卷：“在关西称之为‘汁糖’……在关东则被称为‘水饴’（麦芽糖）或‘ぎやうせん’（giyausen）。‘水饴’跟‘ぎやうせん’比起来口感较软……在江户也称作‘下饴’。[10]”

蛤蜊在以前是春天时沿街称重贩卖的食材，现在则一年四季都能在市面上看到了。

以前，如果要跟人说自己吃了鲔鱼，可得在耳边小声地说，现今鲔鱼居然也出现在要呈给达官显要们的菜色里，这可真是有趣的事。

跟从前大不相同，极其有趣之处是碎纳豆[11]居然七月就上市了。（意指原本应该是冬天才有的食物居然夏天就出现了。）

一直到享保、元文年间，很少有看过番薯的人。因新场鱼货批发商出身的青木文藏的推广才普及开来。

青木文藏又名青木昆阳，以身为食客之儒学家闻名于当时。江户的百姓们主要是把番薯拿来在冬天里烤着吃。但因为在闹饥荒的时候番薯也能用以充饥，因此在当时被大力地推广种植。

两国广小路是江户数一数二的繁华地带。在江户，作为公共空地使用的有河岸空地、船埠码头边、“广小路”（防火用的大马路）以及“火除地”（防火用的空地）等处。船埠码头作为装卸船运货物的场所，因此有许多的商品交货处、仓库、市场等

【10】因为这是由上方（关西地区）下行至江户的糖，所以称为『下饴（糖）』。

【11】类似现在的速食味噌汤，在剁碎的纳豆里注入热水，再加上青菜跟豆腐做成的纳豆汤。天气寒冷的地方会喝纳豆汤用以补充青菜摄取之不足。

聚集于此。“广小路”及“火除地”原本是江户幕府为了预防火灾发生时防止火势蔓延而征收土地开辟而成的广场空地。但眼光精准的生意人在那里用芦苇帘子等物品简单地隔出一块小空间就做起小买卖来，人们也总是往那里聚集，自然而然地那些防火用地也就成了闹区。

为了一买来就能马上使用，在当时就已经出现了最近市面上常见的那种事先切好贩卖的青菜，真是有趣。而且，当时的生产业者为了能够以较高的价格贩卖非当季产的食材，已经开始采用和纸隔间并烧炭加温制成温室来催熟农作物的方法了。

另外，平民口味的路边摊或简易式的露天熟食店，在贩卖的食品里自然都会添加调味料。调味料里最重要的酱油，原本主要是以产于关西地区的流通商品为主，后来关东产的酱油逐渐地取代了关西酱油的地位。但酒类则始终以关西地区产的酒为主。那么，天妇罗、握寿司、荞麦面、蒲烧鳗鱼等江户速食里，不可或缺的调味料：酱油、砂糖、高汤、酒等类的食品又是如何发展起来的呢？以下将依序介绍。

2 少了酱油与砂糖让江户人食不下咽？

□■少了酱油这一味就不是日本料理

日本料理用的调味料当中，最不可或缺的就数酱油了。“酱”的日文发音是“ひしお”（hishio），乃是将食材用盐腌渍发酵而成，在高温多湿的东亚地区是常见的发酵食品。相同的东西，在古罗马时代曾经有一种叫“garum”的鱼酱，但后来失传了。当然，“油渍鳀鱼”（anchovy）仍然存在而且被广泛地使用作为各类酱汁的基底。

在日本，把鱼用盐腌渍而成的食品称作“鱼酱”，据说自绳文时代[12]起便存在了。渔获丰盛的时候，作为保存鱼货的方法，首先可以想到的是将鱼晒干的做法。但在湿度高的时候这种保存方法便不管用了。人们因而想出了改用盐腌渍鱼货的巧思。而后，更发展出谷类、蔬菜、水果等用盐腌渍的发酵食品。在第一章关于荞麦面的章节里就曾介绍过，《料理物语》中所提到的乌冬面、荞麦面的酱汁是用“煮贯”或“垂味噌”制成的。

现在不经烹调就直接食用的食物只限于少数几种，

【12】约指新石器时代期间。因出土的文物上有绳子的纹路而被命名为绳文时代。

大部分的食物都会经过调味、烹煮，而作为调味料的除了盐、酱油、砂糖、醋、酒、味醂以及味噌等以外，还有其他各式酱汁。

江户时代初期的调味料以味噌为主，但如果追溯到奈良时代（七一〇～七九四），当时是把盐、醋、酒、酱分别盛在一种叫“土师器”的小碟子里，直接在餐桌上调味。但这仅限于招待国宾用的宴客料理时使用，一般还是以盐为主要的调味料。奈良时代的“酱”，与其说像是现今我们所讲的“酱油”，倒不如说比较接近浓稠的发酵食品。

奈良时代从中国传入了谷酱、豆酱等食品，后来发展成日本特有的味噌及酱油。中国虽然也有味噌及酱油，但就如同一些读者已经知道的，中国产的味噌与酱油和日本的相去甚远，而在东亚一带也各自发展出独特的发酵调味料。

最具特色的鱼酱，日本有“ ishiru”“syotturu”；在越南有“nuoc mam”；泰国有“nam pla”；菲律宾有“patis”；印尼有“terasi”；而柬埔寨则有“prahok”——这些调味料都是要做出该国料理的风味时最具代表性的调味料。

酱油之于日本料理的重要性，可说是如果抽掉这个风味的话，那日本料理还剩什么呢？而日本的酱油的原点是出自味噌——在镰仓时代（一一八五～一三三三）法灯国师觉心[13]自中国习得豆酱“径山寺（金山寺）味噌”的制法后将之传入日本。在纪州（现和歌山县）的汤浅开始制作味噌，而后积

【13】镰仓时代的僧侣，曾于一二四九～一二五四年间到过当时的宋朝中国，谥号法灯国师。

在味噌木桶底层的液体就成了酱油的起源。

如果曾试着自己制作味噌的话就会知道，随着时间的推移，桶内会出现褐色透明的液体，尝起来味道很好。看到这个液体就可以认同味噌和酱油有近亲关系的说法。这个褐色的液体也就是所谓的“豆油”（tamari），在炖煮风味不足的青菜时如果添加一些豆油的话就能大大地改善整道菜的风味，江户时代的人们当时也一定觉得那味道很棒！

而后到了安土桃山时代末期，《易林本节用集》[14]里首次出现“酱油”一词。所谓的“油”意指压榨出来的汁液，因此酱油即为“酱”（hishio）的榨汁。江户时代的食谱《料理物语》里亦有出现“生垂”“垂味噌”等词，据推测这些词汇大概指的是味噌加水后过滤出来的东西。当时酱油的制造以关西为主，小豆岛（现香川县小豆郡）、龙野（现兵库县 TATSUNO 市）等处为有名的酱油产地。

□■清淡“关西”口味 VS 浓厚“关东”口味

进入江户时代后，产自“上方”的酱油自大阪、堺一带经由水路以“下行酱油”之姿被大量地运往江户。到了元禄时代，因关西的酱油师傅为江户的酱油制造贡献所长之故，常陆、下总、下野、相模等地开始陆续制造起关东酱油来。同时，在下总的野田与铫子一带，关

【14】节用集是古时候日语字典的通称。易林则是其中一个版本的编者名。

东酱油也就是所谓浓厚口味的酱油被广泛地使用，取代了口味清淡的关西酱油地位。

饭田市郎兵卫在战国时期就已经开始在野田制造酱油，据传曾被拿来当作贡品献给当时的武田家。进入江户时代后，茂木、高梨两家开始制造酱油跟味噌，甚至开发出了风味不输关西地区的产品。大正时代时茂木、高梨两家合并成立了“野田酱油株式会社”，分别于一九六四年及一九八〇年将公司名称改为“亀甲万酱油株式会社”“亀甲万株式会社”，并着手开拓国际市场，如今日本的酱油以英文 soy sauce 之称扬名于世界。

另外，江户借由铫子以海路通纪州、摄州[15]，使得这两处与江户时代有了很深的联结。YAMASA（酱油公司名称）传承自纪州汤浅一系，是从纪州移居铫子的滨口仪兵卫所创立的酱油商号。另外一家老店 HIGETA 则是在摄州西宫的技术指导之下由当地人田中玄蕃所创。酱油制造业会兴盛的背景起因于在关东平原就能生产作为酱油原料用的大豆跟小麦。

若是考虑到所有的调味料，食盐的重要性自然不在话下，但江户时期，在全日本，特别是平民阶层，酱油的普及化丰富了人们的饮食生活是值得特别一提的。再加上甜味调味料——砂糖的助阵，饮食领域在江户时代快速发展；寺庙门前贩卖着“樱饼”一类的和菓子，像“蒲烧”那样，混合了酱油跟砂糖那令人垂涎的香味也飘散在人们的生活周遭。

【15】相当于现今的大阪府西北、西南部以及兵库县的东部。

□■曾被视为舶来珍宝的砂糖

一七二七年，德川吉宗[16]命人从琉球（**现冲绳县**）送来甘蔗的种苗分给各地诸侯，致力于推广制糖技术。甜等于好吃，就连出生没多久的小婴儿尝到糖水时，也会浮现一种看起来好像很舒服、安心的表情。这种表情被解释为人体摄取热量时的本能生理反应。也就是说，对于甜味的需求，人类从以前就懂得利用各式各样的方法探求，比如说从自然界的水果、蜂蜜或是爬藤类植物当中取得。

在日本，比如说有利用涩柿子晒干后味道就会转甜的原理，将其运用在料理之中。但如果要提到甜味剂，名列前茅的就数在清少纳言[17]所撰之《枕草子》一书里，以夏日应景食物之姿搭配刨冰出现的七叶胆了。一般认为古时候的人们是利用爬藤类植物七叶胆的萃取液，再从中精炼出甜味剂来的。运用这种技术的制糖过程十分耗工，令人不得不感佩古代人的智慧以及用心。

而砂糖的使用，起步则比较晚。鉴真[18]和尚虽然失明了但仍自中国漂洋过海到日本来的故事非常著名，而他自中国带到日本来的东西里头就包括了砂糖。但这个时候的砂糖并不是食品而是被当作药品

【16】江户幕府第八代将军。

【17】平安时代中期的代表性女性文学家。

【18】日本奈良时代来自中国唐朝的归化僧侣。日本律宗的开山始祖。

使用。而在调味料用的砂糖通过与中国、葡萄牙、西班牙间的贸易传入日本国内后，终于也开始被广泛地运用在调味料或制作糕点之上。但在江户时代以前，砂糖在日本国内的生产制造并不顺利，因为需要仰赖进口之故，砂糖在当时是平民老百姓吃不起的高级食品。

一直到了上述第八代将军德川吉宗的时代，江户幕府竭力地想让砂糖能够国产化。在四国赞岐一地成功地制出了砂糖，直到现代日本制作的和三盆[19]糖特有的入口即化的清甜口感仍然受到大众的喜爱。甘蔗属南方热带地区的作物，是原产于新几内亚的植物。因砂糖的生产规模扩大之下，在上位者或富商们得以享用精致的和菓子，而一般平民百姓们则大多使用精炼度低的黑糖。由黑糖应运而生的就是当时被称为“杂菓子”，近代则称为“驮菓子”的庶民零食。

于是，产量提升的砂糖与前面提过的酱油这样的组合之下，创造出了日本特有的风味。同时，在使用这两种调味料的前提之下，还有个不可或缺的东西就是“高汤”。接下来，将介绍日本料理中最最基本的“高汤”。来看看“高汤”是如何发展起来的吧！

【19】日本制造的上等砂糖。为了与自中国进口的砂糖（唐三盆）区别，故命名为和三盆。

□■世界上最硬的食品：柴鱼

鲣鱼，古时候被称为坚鱼（《古事记》）。在奈良时代，鲣鱼的加工食品被指定为缴纳税赋时的贡品。现代那种硬得像木头般的柴鱼是在江户时代中期被制作出来的。在那之前，鲣鱼的加工品是指先煮过后再晒干的干货；就想象成如同现今的“Namari”[20]的干燥加工品即可。总之是风味绝佳——原来古时候的人们也已经知道鲣鱼加工品的美味了。

这异常坚硬的柴鱼是将鱼肉煮熟后经过烟熏，再充分干燥，借由附着其上的霉菌将鱼货的水分含量减到百分之十四至百分之十六的加工食品。煮熟后只去除掉表面水分的加工品就叫作“Namari”。不使用以往日晒干燥的方法而改采用烧柴以烟熏焙的手法，利用烟熏既能增添食物的香气也能延长食物的保存期限之特性而制作出柴鱼的，据说就是纪洲熊野浦的渔夫甚太郎。时间是在一六七四年（延宝二年），在土佐（现高知县）的宇佐浦一地制造的。虽说利用微生物的方法，万一其中有哪个环节出错的话食物就会腐坏而无法食用。但自古以来，以酒为首就有各式各样的发酵食品被制作了出来。让霉菌附着在柴鱼块上使鱼肉变干燥的原理，是让菌丝长入肉块中心吸取水分，从富含油脂的鲣鱼身上以不让油脂酸化的方式分解掉多余的油脂，真的是很合理的方法。光是想到以柴鱼片熬出来的汤汁入菜，让我们的餐桌变得多么幸福这点，就令人衷心感佩前人的智慧。

对因受佛教思想的影响而长期倾向将肉食视为禁忌的民族而言，动物性核酸的味道是很宝贵的。另外，混

【20】蒸过的鲣鱼肉再施以干燥处理的加工食品。

合昆布（海带）的美味，相乘效果将汤头的风味推向了极致。附带一提，酱油其实在江户时代就已经被装在陶壶里由长崎被荷兰人出口至欧洲了。装酱油的容器是白色的陶壶，上头还用荷兰语标示着“JAPAN SCHZOYA”的字样。

现在，酱油已经自然而然地融入了欧洲当地的消费市场。在规模不大的城镇随意走入一家超市，看到调味料的货架上酱油以“Soy Sauce”的名称或甚至就直接以“Shoyu”的名称被陈列贩售着，虽然会有点意外，但事实上，酱油在历史上久远以前就被输出到欧洲了。虽然有人认为用酱油跟黄芥末搭配牛排来吃极为可口，但酱油的风味，其实不另外使用其他的调味料，不管是搭配肉、鱼、青菜哪种食材都很出色。不同于味噌，酱油的香气似乎外国人也颇能接受的样子。

3 非“下行酒”[21]不可，江户人一年喝掉百万桶

□■劳动阶层的疗愈解忧圣品

幕府草创初期，在江户一地进行河川改道、低洼处填土造地等各种工程。当时的江户是个充满活力的城市，很符合一般对新兴都市既有的印象。而且因为大部分的文化都是将源自关西的文化直接移植到江户的缘故，当时的幕府极力想把江户营造成一个军事都市。身为劳动者的低阶百姓们为求三餐温饱已是无暇他顾，挤在狭小的“长屋”（集合式住宅）里过日子。当时有许多只身来到江户讨生活的男性，大多都是借酒以恢复一整天辛苦工作下来的疲劳。

另外，占了江户半数人口以上的武士阶层里也有担任所谓的“御留守居”[22]职位的武士。他们通过与各诸侯大臣间的交流往来以互通资讯。保持良好的互动沟通则直接关系到诸侯间的平稳和谐，因此“御留守居”们常通过应酬酒宴的方式来达到交际目的。

不论是对武士或百姓们来说，“如何与他人

【21】来自关西地区的清酒。

【22】设于江户幕府及诸侯府内的武士职位，相当于府内的总管，于藩主不在江户藩邸时负责管理藩邸等业务。

维持良好的互动”这样的生存之道成为有趣的事，也丝毫不引以为苦。更何况“长屋”那种集合式住宅里的生活就只隔着一片木板，能保有多少隐私是可以想象的。所以对这样辛苦度日的人们来说，酒或许是不可或缺的饮品吧！

那么，这些人喝的酒，又是什么样的呢？

说到“酒”，当时有受到京都贵族喜爱的柳屋酿的柳酒、梅屋酿的梅酒，还有由寺院酿造的被称为“僧坊酒”的大阪天野酒、奈良的奈良酒等，从室町时代到安土桃山时代有各种酒类被酿制出来。原本在寺庙里使用精制米酿造的上等“诸白酒”因寺庙势力的衰退而无力制造之后，最终制酒技术传至近江、和泉、摄津、备后等地，在各地酿制出各种名酒来。

江户时代初期有被称为“南都诸白”的产自奈良的僧坊酒被指定为德川幕府的御用酒，这是在江户颇具代表性的“下行酒”。原料里使用大量米曲的“南都诸白”喝起来应该是有着醇厚口感的甜酒。

另外，以战国武将驰名的山中鹿之介（幸盛）的次子新六在摄津的鸿池一地展开酿酒事业，甚至把姓氏都改成了鸿池，并于一五九九年（庆长四年）以命名为鸿池酒的“生诸白”（上等米酒）打入了江户市场。江户时代初期，关西地区来的商品并非借由海运，主要是经由陆路用驮马将商品运往江户。当时是将四斗[23]装的酒桶分载于马背上运送，日文里的量词单位“一驮”[24]（两个

【23】斗，日本的容量单位量词，约等同于十八公升。

四斗酒桶的分量）一词就是源自此。

所谓的“生诸白”就是将浊酒滤清后的酒。关于清酒有个有名的传说，据说清酒的制法是因为某个犯错而遭到责难的仆役，怀着“横竖老子不干了！”的报复心态而将木灰投入雇主家的酒桶里，结果原本混浊的白酒却因此变得澄澈，无意间发现了让浊酒变清酒的方法。后来，继鸿池之后，池田、伊丹等地也陆续将当地酿造的“下行酒”送入了江户市场。伊丹酒因为在一七〇四年（元文五年）被指定为将军家的御膳酒，所以伊丹酒的名声凌驾于鸿池酒之上。到了这个时候，酒的口味也已被精炼过了，水分含量比例增多，口感也从原本的甜味变得不那么甜了。

□■关东地区的“在地酒”大家都不买账？

另一方面，宽永年间（一六二四～一六四四）来自伊丹的杂喉屋文右卫门开始在自室町时代中期以来就享有盛名的酒产地西宫酿制起“诸白”（上等米酒）来。这也是知名的日本酒产地滩五乡[25]的起源。在一七〇二年（元禄十五年）德川幕府的官方记录里记载着西宫酒一词。由于京都当地自古以来制酒历史源远流长，因而坚决拒绝其他产地的酒。因此沿着海岸线扩展开来的滩五乡就成了供

【24】一匹驮马所能承载的货物分量。

【25】当时有西乡、鱼崎乡、御影乡、今津乡、西宫乡五地近海的日本酒著名产地。因此合称为滩五乡。当中的三乡（西乡、鱼崎乡、御影乡）地点相当于现今的神户市东部。

应百万人口的都市——江户用酒的主要产区。一七九二年（宽政四年）的时候，包括滩五乡的摄津及和泉等地的酒产量就占了销往江户的“下行酒”中的八成之多。

远从关西运酒到江户来的船运取代了早期的陆运，在江户被饮用的酒是用杉木做的酒桶所运来，富含杉木香气的“滩酒”，反而关东地区产的在地酒终究还是不受江户人的青睐，自始至终在江户只要提到“酒”，指的都是来自关西的“下行酒”。关东产的在地酱油以成功收场，不晓得为何就只有关东酒失败了。似乎是缺少了“水”“技术”和“人才”三大制酒条件中的某一项。

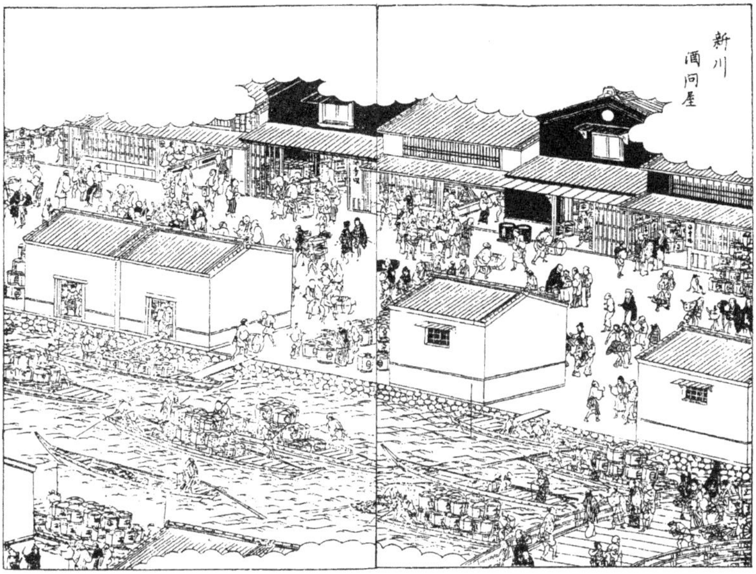

自上方（指关西地区）运来的酒桶被搬入酒类批发商的店里（出自《江户名所图会》）。

即便如此，江户幕府还是意图阻止金钱流向关西的口袋，因此祭出了限制“下行酒”的输入量，建立在幕府的监督之下，关东在地酒的酿制计划等种种阻挠手段，但事情并未如同江户幕府所想的那样进展顺利。

在《江户的酒》[26]一书里，对于宽政年间由松平定信所企划的关东地区酿酒计划有详细的记载。

一八〇六年（文化三年）幕府颁行自由制酒令，开放民间自行酿酒，因而开启了酿酒业自由竞争的时代。一八一七年（文化十四年）“下行酒”的年消费量就超过了一百万桶。当然，其他的关东在地酒也在平民百姓间流通。由此可见，光是作为武士阶层以及僧侣们的饮品，被喝掉的“下行酒”的数量有多么地大！

关东在地酒的产区主要是在武藏、常陆、下总、鬼怒川沿岸、荒川沿岸等地。一方面，一六九八年间（元禄十一年）的酿酒业者在关东一带有三千六百三十六户，酿酒用的稻米产量有七万九千七百二十一石；另一方面，关西畿内[27]附近的酿酒业者有四千三百六十户，酿酒用的稻米产量则为十八万八千三百一十八石。关东与关西约是三比七的比例。至于酒的消费量，根据一七〇二年三月七日江户的“下行酒”批发商所上呈的报告《入津见込书上》可得知：

在一六九八年酒的消费量约为六十万桶，三

【26】吉田元著，一九九七年，朝日新闻社出版。

【27】现今的大阪、奈良以及京都的部分行政区。

年后的消费量则为三十二万桶。若将元禄年间江户的平民人口数以三十五万三千人计，再加上武士阶层的人口，江户的总人口数约有七十万人。用酒的年消费量换算下来，一人平均一年喝掉半桶，约两斗的酒[28]。

江户所消费的“下行酒”的名产地是池田、伊丹等地。“滩酒”之所以能成为上等名酒乃是拜以拥有百万消费人口的江户为销售主力市场的策略成功所致。再加上“水质”“酿酒技术”等种种条件之下，关西产的酒到现代仍然是日本酒的代表。

在此列举几个具代表性的酒名，例如：伊丹产的“刃菱”（剑菱）、池田产的“满愿寺”等。

曾经出现在“川柳”作品里的有伊丹产的“男山”“七梅”“花筏”“八重樱”等。

江户的在地酒则有“隅田川”“宫户川”“都鸟”“泷水”“龟代住”“このきみ”（ko-no-ki-mi）等。

□■散尽家财还是要喝的究竟是什么？

《东海道中膝栗毛》[29]（一八〇五～一八二二年〔享和二年～文正五年〕）一书中，出现酒类等各种庶民的食物。以下引用弥次与喜多出发之前的一节，可以一窥当时

【28】出自：一九九四年，芳贺登·吉原健一郎，《『对谈』江户饮用酒的情况》，《酒文化研究》（四）。

【29】通俗小说，内容为弥次与喜多两人从江户出发的徒步之旅。

的庶民饮用的酒类——

《道中膝栗毛开端》

（弥次与喜多来到江户之后过着奢侈的生活）鱼一定要吃江户湾产的，酒一定要喝丰屿屋的“剑菱”。喝光的酒桶多到送给大杂院的人当作水桶用，没多久就耗光手头上的钱了。

每天只买当天要吃的米，挑扁担的小贩来了就买敲纳豆[30]或是去壳的花蛤搭配菜。尽管过得如此节俭，养了食客，手头当然不会留下半毛钱。

长松：“太太啊，如果你有一点酱油的话，可以借我吗？”弥次：“阿弗，茶滚了吗？”阿弗：“你光是喝酒，还没吃饭吗？”弥次：“当然啊，我是去了居酒屋，没去居饭屋。”

弥次：“该吃饭了，有什么菜吗？”阿弗：“有刚刚去壳的贝类和豆渣汤。”弥次：“出鞘的刀[31]可以吃吗？不过豆渣切也切不断，不用担心。”两人说着说着，天色也暗了。灯笼亮了起来，弥次郎开始吃茶泡饭。

兵五：“……先用冷酒来证婚”……去买酒的人把鲔鱼生鱼片和一升瓶子的酒放在新的棺桶[32]带回来，一回来就拿出生鱼片和酒摆起来，大杂院里的人齐聚一堂吃将起来。之后又买酒来继续

【30】纳豆、豆腐和辛香料混在一起，用菜刀拍打所做成的简单配菜。

【31】去壳的贝类和出鞘的刀两者日文发音相近。

【32】过去日本人的棺材是桶状，而非箱型。

喝，大家都喝醉了。

短短的对话中出现了鱼、酒、米、纳豆、花蛤、茶、豆渣和鲔鱼，都是住在大杂院的庶民日常食用的食品。当时豆腐经常出现在餐桌上，一七八二年（天明二年）出版的食谱《豆腐百珍》甚至受欢迎到出了续集。顺带一提，江户时代的豆腐是现在的四倍到五倍大。豆腐传自中国，原先质地较硬；传入日本之后，水分增加，变得越来越软。由此亦可知日本的水质之佳。

一方面，日本酒与豆腐一样传入江户，广为江户庶民所消费，可说是京阪日本酒商家努力的结果，下酒菜也因而增加。另一方面，与日本酒同属嗜好性饮料的煎茶也慢慢进入江户人的日常生活。

4 江户老百姓心目中的美食排行TOP 10

□■世界级大都市的白热化美食竞争

江户成为世界级的百万人口都市时，外食文化盛行，出现了许多平民也能轻松品尝的食物。如果要挑选十种当时的代表性食物，首先是第一章所述的天妇罗、二八荞麦、握寿司、蒲烧鳗鱼，其次一定得列入的是柳川锅、羊羹与“初物”（当季的第一批收成）代表“初鲣”。上述一共是七种，接下来是去茶屋稍作休息时吃的知名餐点“奈良茶饭”，最后则是佃煮和浅草海苔。然而上述的排行榜不过是笔者个人的判断，接下来介绍上述十种食物与庶民的关系。

跟随领主参勤轮换而住在武士大杂院的武士和一般住在大杂院的市民，都是向挑着扁担叫卖的商人购买食物或是外食解决三餐。独自来到江户工作的男性和老是吃不饱的丁稚学徒会在路边摊外食。因此烹煮不花时间的杂炊粥和卤豆子大受欢迎。

江户的天妇罗是把从江户湾抓来的鱼串起来，裹粉油炸而成。刚炸好又香喷喷的天妇罗售价四文[33]，可以当

【33】定价四文无须找钱，相当于现在的铜板美食。

场马上食用。然而地位较高的人家不得外食，只能斜眼看着大家忍耐。

如同上一章所述，寿司的历史古老，可以追溯到“熟寿司”。为了配合江户人的需求，“熟寿司”改为“早寿司”，后来又出现“握寿司”。然而献给将军的寿司照旧还是熟寿司，上流阶级的人不吃握寿司，中间阶级则是请商家外送所谓“早熟寿司”的箱寿司。

使用来自江户湾水产的江户前握寿司自从关东的酱油制造业上轨道之后，与浓口酱油一起流行起来。现在用豆皮做的稻荷寿司虽然原本来自名古屋，却在江户大为流行。当时的稻荷寿司比现在细长许多，切块卖给客人。一条十六文，一块四文。

在京阪地区，乌冬面才是主流。江户因为可以从信州和甲州取得荞麦粉，因此荞麦面较为盛行。江户时代之前的荞麦面都是“荞麦疙瘩”，到了江户时代才变成细长的面状。真正懂吃的江户人不会蘸太多酱汁，一口气稀里呼噜吸下荞麦面。笔者喜欢酱汁，所以不习惯干吃。各位读者喜欢哪一种吃法呢？想要品尝荞麦面本身的味道，的确不适合加太多酱汁。

另外，荞麦面适合搭配日本酒。江户的荞麦面店菜单上都有酒单。直到现在，还是有荞麦面店会强调店内搜罗了全日本知名的日本酒。想到这是从江户时代流传下来的传统，便觉得江户近在咫尺。

之前的篇章已经说明过二八荞麦面的二八之意。二八荞麦面店多半不是固定的店面，而是摊子。摊子主人晚上在风铃摇曳之下，带着炉子、高汤和餐具移动应该很辛苦吧？

《守贞谩稿》中亦有提到“江户寿司店多，每里一至二间；荞麦面店一至二里一间”。此外，“万延元年（一八六〇年），荞麦价格高涨，江户府内荞麦店召开会议，店家共三千七百六十三间。一般云夜晚商家，不含夜鹰荞麦面”。由此可知，江户人是多么喜欢荞麦面。

□■把老婆典当了都要吃的初鲣美食

羊羹传自中国，一开始普及的是蒸羊羹。喜多村筠庭的《嬉游笑览》提及日本也能自行生产砂糖之后，宽政年间（一七八九～一八〇一）日本桥本町四丁目的御用点心店红谷志津摩做出第一条用砂糖与寒天为原料的练羊羹（煮的羊羹）。

另外，山东京山的著作《蜘蛛的卷线》（一八四六年〔弘化三年〕）提及宽政初年，名为喜太郎的男子在日本桥开了一间小店（据传是红谷志津摩为喜太郎开的店），开始卖羊羹。羊羹在工匠的反复努力之下，成为日式点心的代表之一。

初鲣之所以出名，在于江户时代中期品尝初鲣成为呈现江户人气概的风潮。花大钱买下初鲣请客和炫耀的行为让人自觉高人一等，带来满足。“把老婆当了都要吃初鲣”当然是句夸张的玩笑话，毕竟当铺可不收人。

柳川锅是泥鳅料理的代表。带土味的泥鳅搭配牛蒡与鸡蛋所调制而成的火锅颇受人欢迎，因而出现这道料理。《守贞谩稿》提及柳川锅所需的调味料——酱油、酒、砂糖是在文政初期（一八一八～一八三〇）普及，发明这道料理的店家名叫“柳川”。

一六五七年的“明历大火”把江户几乎夷为平地，浅草金龙山（待乳山）浅草寺前的茶店模仿京阪地区的茶饭[34]，推出“奈良茶饭”。所谓的“奈良茶饭”是茶饭加上豆腐汤、卤豆子和其他卤菜。

奈良茶饭后来普及各地，留下河崎（现神奈川县川崎市）万年屋门庭若市的插图，清楚描绘当时的状况。此类茶店日后发展为料理店。

奈良茶饭屋“河崎万年屋”的插图（出自《江户名所图会》）。

【34】用煎茶或培茶煮成的茶饭。

□■从武士的城市变为消费的城市

宽永年间（一六二四～一六四四），摄津国佃村的渔民在幕府的招募之下移居到江户一处名为佃岛的地方，捕捉银鱼献给将军，剩余的银鱼则卖给日本桥的鱼市场或是自行食用。为了长期保存，便用酱油卤煮小鱼。原本调味料只有酱油，后来又加入砂糖。这道又甜又咸的鱼料理以“佃煮”的名称销售，日后普及全日本。

隅田川是条大河，抓得到银鱼代表水质清澈。同时期的泰晤士河据说却发出恶臭，令伦敦居民大伤脑筋。流经人口密集地区的隅田川之所以能保持清澈，排泄物的回收系统功不可没。

以下引用南和夫的《江户人的世界》[35]，说明人口密集的江户地区是如何处理排泄物，也就是人粪肥料——

江户的“家守”（房东）是向地主或屋主领薪水，管理出租的土地或房屋。

家守正式的名称为“主”，一般俗称“大家[36]”。

房东的收入多半来自处理排泄物，也就是处理房客屎尿的费用。人的屎尿对于江户近郊的农村而言，是不可或缺的重要肥料。

根据文久二年（一八六二年）的调查，江户地区

【35】讲谈社现代新书，一九八〇年。

【36】日文中『大家』即为房东之意。

一整年的排泄物处理费用是四万九千五百零三两的金子。当时共有一万五千五百零六位房东，所以平均一位房东的排泄物处理收入是三两多，可说是一笔不小的收入。

依据泷泽马琴的日记，他代为处理排泄物的谢礼是每户人家十五岁以上的居民，每个人一年必须提供给他五十根白萝卜和五十条茄子。

江户近郊的农家利用船运送来蔬菜，卖完之后再用船载着作为肥料的排泄物回家，也就是现代的有机栽培。由于水路运送不会像陆运般容易遇到人，搬运排泄物十分顺利。无法回收的垃圾则用于江户湾的填海造地。

最后，一般百姓经常食用的海苔卷原料是所谓的“浅草海苔”。《毛吹草》（一六三八年〔宽永十五年〕）一书提及“下总国葛西海苔又称浅草海苔”。利用滤纸的技术，把生海苔做成干海苔的方法源自江户，发明于元禄年间（一六八八～一七〇四）。据说把生海苔滤成干海苔的工程是在浅草进行，因此称为“浅草海苔”。

江户还有许多杰出的食物，逐步探究的过程中会对古人在生活中所下的功夫而感动。例如贩卖小米麻糬时，小贩会从挂了竹帘的棚子里用手指弹出搓圆的丸子，再用器皿接住，称为“飞丸”；或是利用机械人偶，吸引消费者的目光。

江户原本是以德川政权为中心的城市，一开始设定为武士的城市，打起仗来也没有问题。等到德川家完全掌权之后，江户从武士的城市转变为以消费为主的工商城市。尽管士农工商的阶级分明，江户依旧可称为以商人和百姓为主的城市。

来自日本各地的居民纷纷涌入江户，带来错综复杂的信息，江户因而成为汇集众人生存结晶的城市。另外，江户具备大都会的机能，为大家带来只要去江户就不用担心饿肚子的期待。尽管如此，火灾等人祸，地震、火山爆发、干旱或寒害等天灾，甚至是流行病传染等发生频率之高，超乎现代人的想象。当时的江户城居民虽然因为锁国政策而无须担心来自外国的侵略，却也不能忽略他们的生活往往是生死一线间。

德川家康以武将的身份打造了江户，到了第三代将军家光时几乎完成了江户成为大都市的基础，带来后续的繁荣与饮食文化的发展。

□■幕府也打奢

《宽天见闻记》一书批判宽政（一七八九～一八〇一）到天宝年间（一八三〇～一八四四）的时事与记录当时百姓的生活。可惜作者不明。本书之后介绍的知名美食料理店“八百善”的茶泡饭便是出自此书。

此外，根据《宽天见闻记》所述，一八〇六年（文化三年）的食品商家多达六千一百六十五间。这个数字是来自公告“文化三年四月（阴历文化三年三月四日也），芝高轮发生火灾，强劲南风导致火势延伸至浅草本愿寺、誓愿寺。此时市场中出现公告，通知食物商人应向町年寄役所（公家行政机关）报告人数增减”。这项调查一路延续至文政年间（一八一八～一八三〇），之后不再进行。当时已是江户时代中期，商人与工匠的奢侈生活遭到批判。以下引用关于饮食的文章：

此时流行煎茶，邀请客人来饮煎茶数瓶。客人饮用后，回答茶名与水的来源。品评其为玉川水、隅田川水或何处之井水，茶点以船桥屋织江为最等，众人骄奢……天妇罗荞麦与霰荞麦面[37]等外带食物近年来越发奢华，无论何种食物，众人仅为赏心悦目而一掷千金。食物也只朝无意义的方向精致化，不再品尝其原本的味道，惹人讪笑。

无论是哪一个时代，只要手头宽裕了就会出现奢侈的风潮，和现代日本的泡沫经济时代一样。看到崇尚名牌与美食风潮，便会觉得尽管时代不同，人类的想法却没有太大的改变。稍微不一样的是江户时代幕府会颁布表达态度的“法令公告”，百姓奢华的生活受到法令影响而有所调整。

例如，“蔬菜不可早于当令，称其为初物而贩卖”。

除此之外，一八四一年（天保十二年）十二月，知

【37】撒上海苔与切碎干贝的荞麦面，食用时淋上酱汁。

名的江户町奉行[38]远山左卫[39]对商人颁布了以下的命令——

其次是针对贩卖与购买食物者的发言：原本四文、八文的寿司不知何时变成二十文、三十文，其中又有格外昂贵的种类。百姓不清楚自己的身份，食用上层人士才能食用的食物，花一步[40]的金子吃一只鳖也不厌倦，甚至花上两步金。事态逐渐变得严重。如果鳖的数量和沙丁鱼、章鱼一样多，自然可以食用。一边奢侈浪费，一边抱怨时机不好。许多人跑去衙门的休息室，给上位者添麻烦。这并不是时机不好，而是因为忘记身份、违反礼法，才会导致商品物价高涨。

这是幕府禁止百姓奢侈的一个例子。尽管日后又颁布了好几次法令，富裕的百姓还是越来越奢侈。观察法令可以发现当时的民众经常食用章鱼，沙丁鱼则是便宜鱼货的代表。

一般百姓、管理阶层的武士与将军以及身份次一级的农民，生活上又有哪些地方不一样呢？下一章将探讨各种阶级的饮食生活。

【38】奉行主要为佐理各项事务之官职职称。

【39】知名日本古装剧《远山金四郎》的原始人物。

【40】江户时代的钱币，呈长方形，价值是一两的四分之一。

三

从将军到老百姓，发现江户人的私房菜

1 为什么将军这么可怜不能吃天妇罗？

□■只要当了将军，爱吃什么就有什么吗？

住在华丽江户的百姓，生活看似豪华自由。然而江户时代毕竟是封建时代，身份阶级规定森严。以将军为首，其次为士农工商的阶级制度也明显反映于饮食生活。接下来的篇章将向各位读者介绍将军的饮食生活：将军不但不能品尝庶民爱吃的速食食品——串炸天妇罗，也不得品尝油腻的食物。

德川家康具备武士风范，生活俭朴，规定日常三餐为三菜一汤（味噌汤搭配三道配菜）。尽管如此，成为将军之后，毕竟还是有享用豪华餐点的机会。据说家康的死因是吃了炸鲷鱼——消息灵通的他听了堺的茶屋四郎次郎（京都当时的富商）的形容，马上试吃用静冈县兴津地区产的马头鱼所做的炸鱼。然而故事流传到最后，炸马头鱼不知从何时变成鲷鱼天妇罗。

身为江户百姓的骄傲与支柱的江户城将军究竟过着什么样的饮食生活呢？其实将军的饮食是以京都御所[1]的规范为基准。然而江户地区所能取得的农产品和水产品有限，无法轻

【1】现代的京都皇宫，意指皇室。

易获得京都料理的材料，因此流传了几个可以一窥当时情况的故事。

江户时代初期，也就是第三代将军家光在位期间（一六二三～一六五一），毛利秀元带来的便当里装了切片的鲑鱼，官员的老中[2]等人觉得十分稀奇，都想来尝尝看。以现代人的眼光来看，小小的鲑鱼切片居然引来一群位高权重的官员关注，实在太可笑了。

元禄年间（一六八八～一七〇四），诸侯与武士都过着朴素的生活，一天只吃两顿饭。两餐之间的点心分量则看个人肚子饿的程度。当时多半是下午两点左右吃点心，点心的日文名称“OYATSU”便是由此而来[3]。元禄之后，各种领域的生产效率与物资流通状况获得改善。尤其是开始用油点灯，延后了晚上睡觉的时间，一日三餐因而成为习惯。

□■因为爱吃白米饭大家都得了“江户病”？

当时成年人平均一天食用五合米，副食品为搭配米饭的配菜。和食的基本形式——白饭与配菜也是在此情况下诞生。尤其是江户时代，白米饭普及至百姓阶层。无论身份高低，人人都能吃到白米饭。当众人发现白米饭比糙米更好吃之后，开始提高精制的程度。结果第五代将军纲吉（在位时间

【2】幕府常设的最高职务政务官员，直属于将军，负责辅佐政务管理。

【3】以古代日本的计时方式来计算，现代的下午两点是『八时』（OYATSUDOKI）。点心的日文省略了『时』（DOKI）。

为一六八〇～一七〇九）因而罹患脚气病。

根据多田铁之助的著作《日本食物史》[4]，纲吉得脚气病是在成为将军之前，也就是还住在馆林（现群马县）的时候。江户精制稻米的技术日益进步，白米饭成为上流阶层的嗜好，导致一六九一年（元禄四年）开始出现脚气病。

江户时代中期之后，江户城的许多百姓死于脚气病，脚气病因而被称为“江户病”。虽然御医对于纲吉的诊断十分随便，然而决定移地疗养之后，纲吉便在练马建立疗养用的别墅，最后也终于痊愈。尾张藩在纲吉疗养期间寄来了尾州白萝卜的种子，种在练马樱台的白萝卜即成为日后练马白萝卜的滥觞。

□■将军夫人用餐耗时费力却可能吃不饱?

江户时代后期的第十二代将军家庆（在位期间为一八三七～一八五三）约在早晨六时，也就是现在的早上五点起床，算是起得比较早的将军。漱口之后用医师调制的牙膏和“房杨枝”[5]刷牙、剔牙和刮舌苔，接着用温水和米糠袋洗脸。梳洗完毕先祭拜祖先牌位和喝茶，茶的试毒由专门的小姓[6]负责。这个时代的茶是淡茶或煎茶。完成以上步骤才开始吃早餐。以下参考

【4】一九七二年，新人物往来社。

【5】一头做成刷子状，另一头削得尖尖的牙签，尖头部分用来剔牙，刷头部分用来刷牙；握柄有些弯度，用来刮舌苔。

【6】服侍武将的低阶武士，主要负责打杂。

永岛今四郎与太田赞雄一八九二年的著作《千代田城大奥》，介绍将军的饮食生活——

盛装御膳房准备好的餐点，端到“御膳立之间”（又称“笹之间”）。御膳奉行在此试毒，专门负责将军生活起居的御小纳户将试完毒的餐点端到下一个房间。这里有大小如同炭炉的火炉，还挂了几个锅子，御小纳户排好御膳后送到将军面前。端御膳是御小纳户的工作，伺候将军用餐则是小姓的工作。

位于江户城核心的表御膳房准备好早餐，送到将军面前至少会经过三个人之手：御膳奉行、御小纳户与小姓。

早餐的内容如下：

一之膳（正式的日本料理第一次端出的餐点）——

汁（配饭用的汤品）、饭

向付　　（生鱼片和醋渍的食物等生食）

平　　（炖菜或卤菜）

二之膳——

吸物（泛指所有下酒用的汤品）

皿　　（烤鱼——盐烤沙梭和烤腌沙梭，称为“沙梭两样”。初一、十五和二十八号吃鲷鱼、比目鱼）

早餐会上菜两次，菜单是两汤三菜。

将军平常都是一个人用早餐，上午是属于兴趣的时间，例如练习射箭、长枪、剑术或画画。午餐之后处理政务。至于住在江户城的后宫——“大奥”里的女性，也就是将军夫人又是吃什么样的早餐呢？

一之膳——

汁（温泉蛋味噌汤）

御平（蒟蒻豆腐汤，加入充分的花香）

置合（口取）（鱼板、核桃冻、切丝昆布、鲷鱼切片、洋菜等）

二之膳——

烧物（小银绿鳍鱼）

御外物（海苔包玉子烧）

御壶（煎豆腐）

香物（酒糟酱瓜、味噌白萝卜酱菜）

将军夫人的早餐是上两次菜，一共五菜一汤加酱菜。后宫的配菜比较丰富，算是不错的早餐。

如果从表御膳房经过后宫玄关端来酱菜，会造成一路臭气四溢。因此酱菜是由后宫的御膳房准备。将军夫人的餐点是由御年寄（女官官名）切成小块，夫人吃了一口，御年寄便说“添菜”，并从御中臈（女官官名，阶级低于御年寄）手上接过下一道菜。添菜反复三次之后就算结束。因此用餐虽然耗时又耗力，实际吃进将军夫人嘴里的量却很少。

□■蛋白质摄取过量的将军大人

第二次御膳（午餐）和第三次御膳（晚餐）一般是将军前往后宫，夫妻一起用餐。以下是春季餐点的菜单：

一之膳——

汤　　（蚬）

平　　（牛尾鱼切片、薯蓣、紫萁）

置合　　（洋菜、栗子或慈姑泥、拟制豆腐、切丝昆布）

烧物　　（烤鲷鱼）

御外物　（虾子）

御壶　　（蒸蛋）

午餐和后宫的早餐一样，也是五菜一汤，下午两点会端出零食——御春屋做的羊羹、日式馒头和大久保主水（菓子司）[7]

【7】专门提供幕府点心的商家。

的蒸点。晚餐则没有本膳。

二之膳——

汁	（鲤鱼味噌汤）
皿	（鲷鱼生鱼片）
置合	（鱼板、鱼肉切片、羊羹、玉子烧、鸭、雁等）
烧物	（烤沙鲷）
御外物	（鲍鱼）
御壶	（乌鱼子等）

酒装在银酒瓶里，放在讲究的春庆漆器的台子上。酒当然也是试毒过，再由御中臈倒酒，接着端上下酒的汤和两种下酒菜。光是看这份记录，可以发现御膳使用了大量的鱼类，包括鲷鱼、鲤鱼、沙梭、牛尾鱼、小银绿鳍鱼、鲍鱼、蚬、虾子、乌鱼子、鱼板和比目鱼等。特别值得一提的是鸡蛋料理种类丰富，包括温泉蛋、玉子烧和蒸蛋。肉类不是畜肉，而是鸭雁等鸟禽。昆布、洋菜、海苔、豆腐、核桃、瓜类、白萝卜、薯蓣、紫萁、栗、慈姑等蔬菜则非常少——单看这份菜单，会发现将军的营养并不均衡，蛋白质摄取过量。

□■规矩一大堆，备受束缚的将军餐桌

幕府规定了御膳房不得料理的食材。一方面，将军的饮食规范和禁忌远比老百姓来得严苛，许多食材都不得上桌。另一方面，各地诸侯则送来许多当地名产。例如长崎出岛因为和获得许可进入日本的外国人有所交流，有机会接触和品尝稀奇的食物，因此饮食经验也远远超越一般百姓。首先来看看食材有哪些规范——

禁止所有畜肉。

不得食用的蔬菜——葱、韭、蒜、薤、佛掌薯、扁豆、豌豆、裙带菜、褐藻、鹿尾菜。

不得食用的鱼类——窝斑鰶、秋刀鱼、沙丁鱼、鲔鱼、鲨鱼、河豚、刺鲨、牛眼青鯥、赤魟、乌鱼、鲶鱼、泥鳅、鲫鱼、鱼干类。

（由于河豚有毒，可能导致断后，因此规定武士不得食用河豚。窝斑鰶则是因为日文发音与“此城”相同，不吉利〔仿佛武士吃了自己守的城〕而禁止食用）

不得食用的贝类——牡蛎、花蛤、毛蛤。

不得食用的鸟类——鹤、雁、鸭、兔可食，其余皆不可食用。

不得食用的水果——梨、柿、温州蜜柑可食，瓜类、桃子、

苹果与李子仅可观赏，不得食用。

料理规定不可食用天妇罗、油炸豆皮与纳豆。至于兔子之所以算在鸟类，应该是因为兔子的日文量词与鸟类相同吧[8]？将军的饮食受到佛教素食影响，又必须避开百姓食用的低贱食品。无论是什么时代，上位者总是会受到麻烦的规范束缚。

□■将军御膳为什么一次要准备十人份?

这些餐点在端到将军与将军夫人面前之前，会经过哪些手续呢？以下是在后宫用餐的例子——

所有料理都是在“御广敷御膳所”，也就是位于将军住处的外御膳房烹饪完毕之后，再送进里御膳房。准备好之后，由“奥御膳所御台所头”[9]告知“御广敷番头”御膳已经准备完成。御广敷番头是从旗本[10]中选出，主要负责检查出入后宫的人与物。

御广敷番头带着“御用达添番”前往御膳房试毒之后，告知御台所头没有问题。试毒时是摆好所有御膳，先由御用达添番各吃一口，接着再由御广敷番头试毒。两者试毒后退

【8】兔子与鸟类的量词之所以相同，一说是兔子的耳朵类似鸟的翅膀，因此视为鸟类；另一说是日本古代禁止食用畜肉，因此硬把可以用两只后脚站立的兔子算成禽类以便食用。

【9】将军直属的家臣中负责做菜的官员。

【10】将军直属的家臣中，俸禄不满一万石者。

出御膳房，四目相对一番确认没有问题之后，向对方轻轻点头说“好”，代表试毒完毕。

一次为将军准备的料理是十人份；一同用餐时，加上将军夫人一共是二十人份。御广敷番头等人试毒时吃了一份，剩下来的九人份通过后宫门口，送进里御膳房。里御膳房的员工收到料理重新加温，准备好之后向当天值班的中年寄[11]报告。中年寄前往御膳房，尝过排好的料理。中年寄过了一会儿说“好”的话，御膳房的员工便将料理摆在类似桌子的“御番立”上。接着依照中年寄的指示，将料理从御番立搬到几桌，端进将军私人的房间。一次只端一人份，因此剩下来的料理都还放在御番立上，上面用包巾覆盖。此时九人份的料理由于中年寄试毒过一份，还剩八人份。八人份当中再选一份端进房间。

将军和将军夫人一顿饭共需准备二十人份的料理，试毒时一共吃掉四人份；估计两人共添两次菜，所以会端上六人份的料理。实际上将军与将军夫人往往只各吃一人份，于是会剩下十四人份，交由当天值班的御目见[12]享用。

以上是江户时代后期关于将军用餐的简单介绍。由于将军身处高位，品尝的当然都是上好的食材，菜单上也常常出现鱼板。料理是由御膳房每天亲手烹饪，可以想见都是奢华的餐点。然而比起可以自由饮食的百姓，总觉得有些无趣。日本单口相声的知名段子《目黑的秋刀鱼》中提到去除油脂的

【11】负责辅佐后宫『大奥』总管『御年寄』的女官。

【12】即为能直接谒见将军的官员。

秋刀鱼，便是将军餐点受限的例子[13]。此外，“御外物”是指将军夫人从娘家带来的侍女所烹饪的料理，食材会使用夫人娘家当地的特产。

【13】《目黑的秋刀鱼》的内容是将军某日在目黑偶然品尝到庶民烤的秋刀鱼，觉得十分美味。回到城里想再吃时，却因为御膳房为了健康而去除油脂和拔去所有鱼刺，结果只能吃到不好吃的秋刀鱼。

2 从简朴走向豪华的武士餐桌

□■吃不饱的武士还要兼差种田?

高级武士的饮食生活比常人想象的更加朴素。然而武士毕竟也有各种阶级，俸禄一万石以上的诸侯，也就是大名等级的武士，饮食是由台所奉行领头，遵循繁杂的规范，率领负责菜单、准备材料、烹饪以及各种任务的家臣准备。

诸侯等级的武士重视礼法，因此出现小笠原流等礼法规范武士阶层的各种行为。饮食当然也不例外。不仅详细规定上菜方式，甚至还出版了附有插画的书籍（《鱼类素食易检食谱集》，池田东篱亭著，一八三四年〔天保五年〕）。但是俸禄较少的武士却不见得会遵守这些规矩。

江户的物资来源丰富，但是购买食材需要货币。不再打仗的武士转变为上班族，却还是必须重视礼法、仪式等对外的活动，因此总是花费大笔金钱。为了减轻日常生活的开销，武士会在宅邸里种田，或是亲自酿造酱油和味噌。

相较之下，下级武士的土地没有大到可以种田，生活质量因此跟只求当天温饱的老百姓差不多，必须做家庭代工好补贴家计。

婚礼上陈述贺词的情况（引用自日本最古老的菜单集《料理菜单集》一六七一年）。

尽管如此，武士毕竟是武士。

日文有句俗谚："武士没吃饱也要叼根牙签，摆出吃饱的样子"（打肿脸充胖子），虚张声势也要维护自尊，否则有损身为武士的尊严。

第一章介绍的百姓在摊子买吃食的插图里，出现了带刀的武士用手帕遮脸，在天妇罗的摊子买天妇罗来吃的情景。原本只有地位低下的老百姓才能吃路边摊，相信当时应该有不少武士禁不住诱惑而忍不住买来吃。想象武士遮着脸也要买来吃的模样，除了感受到身份阶级造成的不便之外，路边摊想必真的很美味吧？

原本日本人一天只吃两餐，到了元禄年间确立了一天三餐的习惯，三菜一汤也逐渐普及。到了太平的江户时代中期，京阪地区开始出现餐厅和外送餐点的店家，日后普及至江户地区。武士原本朴素的生活因而受到影响，各地诸侯留在江户看守房子的武士和富豪于是开始进出高级的会席料理店。这些餐厅促使厨师的厨艺更加精进，追求更加优秀的刀工、器皿、盛盘方式，日渐洗练，成为现代“用眼睛品尝的日本料理”。

□■照顾好后宫的胃袋到底需要多少人力?

本节将探讨武士如何准备食材。武士的生活依阶级而有所不同，无法一概而论。这一点也反映在饮食上。

如同前述，江户约七成的土地是诸侯、旗本和御家人的宅邸，诸侯宅邸又分为上宅邸、中宅邸与下宅邸。上宅邸位于江户城周遭，外侧是中宅邸，更外圈则是下宅邸。下宅邸位于便于运送物资的江户湾沿岸或是河岸附近。

寺庙、神社与武家宅邸的人口约莫五十万人，平民老百姓也约莫五十万人。想要喂饱这个人口高达一百万的巨大都市，必然会出现众多负责食材的人士。

上一节提到的御广敷御膳所的员工虽然身处后宫，却是男性，分别是六位御贿头、两位奥御膳所御台所头、三位奥御膳所御台所组头、三位御贿调役、三位御贿吟味役、三十位御台所人、三位御膳所御小间役、四十位御贿方和五十位六尺（负责跑腿）。既然后宫女性多达三千人，御膳房当然需要这么多的员工。

后宫女士享用本膳料理的模样（出自《锦叶百人一首女宝大全》，千堂文库所藏）。

“参勤交代”制度促进日本全国文化交流，各地的特产也随之流通。当时的日本人积极开发各地特产，江户等地也踊跃买卖各地特产。货物的集散地是大阪。所以主要消费者虽然是江户人，食材的基地却是大阪。

因此由江户时代初期到中期，以大阪为中心的江户贸易因而成立，江户的成长发展是建立在京阪地区之上。元禄年间（一六八八～一七〇四）是江户文学大师井原西鹤活跃的年代，众人提及元禄年间想起的往往也是华丽的元禄文化。但是元禄文化其实应该算是京阪文化。到了文化与文政年间（一八〇四～一八三〇）才绽放了江户独特的平民文化，呈现百姓胜过武士的江户活力。

□■上级武士爱外食，连武士妻都叫外送

根据樱井准也的《近代诸侯宅邸的饮食生活》[14]，麻布台一丁目的遗迹中发现了俸禄三十万石的出羽米泽藩上杉家和俸禄五万石的丰后臼杵藩稻叶家的宅邸。上杉家是一六三七～一六五七年（宽永十四年～明历三年）在此建立下宅邸，之后改为中宅邸。稻叶家则是一六二四年（宽永元年）在此建立下宅邸，一直到幕末。

根据该论文表示，宅邸居住了藩主到足轻[15]与杂役等各种成员。相较于上宅邸，诸侯宅邸的饮食生活多以中宅邸和下宅邸为中心，经常在此两处举办宴会。

此外，从遗迹出土的动物中可发现许多鲷鱼、文蛤和鸡肉，表示经常在此举办宴会。鱼类的记录包括鲷鱼、鲽鱼、竹筴鱼、沙丁鱼、鲑鱼、鲣鱼、鲈鱼、日本鲭、大头鳕、牛尾鱼、无备平鲉、东海鲈、鲔鱼和黑棘鲷等。食用鲔鱼的证据是在十八世纪末的地层中发现的。原本视为下等鱼而不受欢迎的鲔鱼，从此时开始登上武士的餐桌。

武士基本上虽然禁食畜肉，遗迹中还是发现少数山猪和兔肉。禽类的鸡和绿头鸭遗骸则横跨两百年的地层，表示是经常使用的食材。

【14】《史学》第五七卷第一号，一九八七年。

【15】阶级较低的一种步兵。

除了樱井准也的《近代诸侯宅邸的饮食生活》之外，宫腰松子的《江户后期武家饮食》[16]也详细描述了上级武士的饮食生活。以下是分析诸侯一年份菜单的结果——

首先是二月十五日的日常饮食（原应附了饭，但在此被省略）：

早餐 汁（半片[17]）、小菜、蒟蒻

午餐 地瓜、烤豆腐

晚餐 鱿鱼、真马口鱼、山葵酱油、日本酒

观察二月二十九天份的记录，可以发现有十四天的晚餐附上酒。相较于将军，诸侯的餐点种类非常少；晚餐多为鱼类。由此可知，此时已经出现晚餐不应过于丰盛的规定。

此外，餐点中出现大量蔬菜、豆干和加工食品。尤其是大豆加工制成的豆腐，不分早中晚，都会出现在餐桌上。蔬菜除了白萝卜之外，还有牛蒡、芹菜、鸭儿芹、萝卜缨、慈姑、鸿喜菇、地瓜、八头芋、小芋头和日本薯蓣。薯类也是经常食用的蔬菜。

站在现代人的日常饮食角度来看，古人的食材种类少，利用有限的食材做菜是件辛苦的事。然而古人明显区分日常与节庆，因此平日饮食往往经常重复。

蛋白质主要来自经常制造与食用的鱼肉加

【16】《神户女学院大学论集》十四卷三号，一九六八年。

【17】鱼浆混山药制成的加工食品，颜色以白色居多。

工品——鱼板，这点和江户城内一样。分析二月的菜单可以发现鸡蛋用于早餐一次、午餐九次和晚餐七次，烹饪方式也多姿多彩，例如烤、煎和蒸。诸侯的饮食特征可归结如下：

一、每一餐的餐点极少，平均早餐只有两样，午餐和晚餐是一至五样。

二、三餐当中，早餐几乎都是蔬菜或植物性干货与加工食品；午餐以动物性食品居多。晚餐每个月有四次必须吃素，其他时间则吃鱼或鸡蛋。

三、不太会因为季节变化而改变食材。

四、鱼类的种类丰富，最明显的是经常使用日本对虾，其次是鲔鱼、鲽鱼、比目鱼和鲷鱼，使用比率相当高。河鱼以鳗鱼、鲶鱼、乌鱼和鲤鱼居多，尤其是鳗鱼。贝类以牛角江珧蛤和文蛤为主。种类虽然不多，但是经常与干贝一起使用。

由上述的总结可知，江户时代的武士阶级因为受到各种礼法的束缚，遭到不断追求走在时代尖端的强悍平民超越，变得只重视形式。

负责留在江户的宅邸看守的武士，必须和其他诸侯的武士交流，确实掌握资讯，于是开始利用接下来要介绍的料理店。料理店因而下功夫推出昂贵奢华的料理，促使日本料理变得更加洗练。相较于平常朴素的三餐，去料理店用餐的武士体验到更为丰富的餐饮。到了江户时代后期，连武士的妻子也开始向料理店叫外送。

□■下级武士工作时还可以饮酒作乐？

接下来介绍的是下级武士的饮食生活，首先以藩士朝日重章的日记《鹦鹉笼中记》为例。他隶属德川最重要的旁系御三家中排名第一的尾张名古屋藩，俸禄一百石。

日记合计三十七册，记录了朝日重章十八～四十四岁（一六九一～一七一七〔元禄四年～享保二年〕）的生活，也就是他持续写了二十六年八个月的日记，直到过世前一年。喜欢记录的他在日记中花了许多篇幅描述饮食生活。下文引用《校定复刻　名古屋丛书》续篇《第九～十二卷》[18] 中一六九三年（元禄六年）的例子：

> 元禄六年正月九日，年初宴客，双亲与余前往丸山加左卫门处——
> 鳕鱼汤与生鱼片、萝卜泥
> 交香之物浅渍（浅渍[19] 数种）
> 煮物　　　瓠瓜、日本薯蓣、薯泥、牛蒡
> 熬物　　　蔬菜、鸽子
> 酒之肴　　银鱼（下酒菜是银鱼）
> 熬物　　　烤鸽子、水针鱼、蒲烧

【18】一九八三年，爱知县乡土资料刊行会。

【19】浅渍为腌渍时间短的酱菜。

元禄六年正月廿九日……前往加藤平左处——

汁	食用土当归、白萝卜、鸭
鲙	乌鱼、栗子、姜（生姜）
煮物	鸡蛋、日本薯蓣、牛蒡、巴崩。用荒布（海藻）包裹鱼浆所制成
烧物	乌鱼
香之物	浅渍、奈良渍
酒之肴	天妇罗、南方长额虾、豆腐、卤麸、九年母（温州蜜柑的一种）
取肴	鱿鱼

元禄六年四月廿一日……十兵内义左内义出门会面，到忠兵门开始下雨，蒲烧町听见四时的钟声。不久忠兵前来，于房间结亲。杂煮、吸物、酒——

菜单（忠兵卫的女儿和重章婚礼时的菜单）

结亲酒

杂煮	昆布、日本鳀干
饼	牛皮菜、柴鱼花、白萝卜。杯（酒）
吸物	鲷鱼鳍。杯
集汁	盐鲷、白萝卜、牛蒡
鲙	乌鱼、乌贼、日本鳀干、白萝卜丝、蓼、珊

	瑚菜、蘘荷
香之物	
二汁	牛尾鱼、冰蒟蒻
煮物	鱼浆、日本薯蓣、牛蒡、竹笋、蜂斗菜
和物	白萝卜叶
烧物	鱼板、沙梭干
取肴	鱿鱼

文左卫门（重章）在一六九五年（元禄八年），也就是二十二岁时成为朝日家的当家，当上名古屋城城代组御本丸御番[20]。他二十岁便已结婚，正式当官之前每天悠悠哉哉去武术道场和朋友吃吃喝喝，是个很有兴致玩耍的嫡子。

尽管如此，年轻男孩竟然有耐心详细记录三餐还是令人惊讶不已。重章并非君子远庖厨的个性，而是留下大量关于饮食的记录。

他到了二十二岁才终于获得一官半职，成为独立的成人。第一天上班的记录是“余今晨起负责御本丸之御番……余与同时值班之松井勉右卫门、大冈又右卫门虽仅带来便当，却备有大量煮物，与一起值班之同人和当班的足轻七人一同饮酒用餐”。他一个月大概出勤三次。以下是元禄九年二月十九日晚上值班时的便当菜色，可惜之后并未持续记录便当的菜色——

【20】主要负责名古屋城城内的警卫工作。

汁。干叶（菜干）。煮物（萝卜干、牛蒡、豆腐、荒布、梅干、蒟蒻、日本薯蓣）。

乌鱼两只。盐烤。凉拌蚬。

香之物。酒。

由于工作时可以饮酒，当班的武士便在众人聚集的欢乐气氛下，带着食物前往工作场合享用，因而培养出重章的酒量。除了工作时间之外，他练完武术也会去吃荞麦面等外食，又因为喜欢喝酒而流连茶屋，最后引发肝炎，导致死亡。

下一个例子是《石城日记》，作者是幕府时代末期的下级武士（武州忍藩）尾崎准之助，号石城。尾崎喜欢画画，巧妙地描绘日常生活，后人得以借此了解当时的饮食生活。日记的记录日期由一八六一年（文久元年）六月到来年四月止。

下文引用自原田信男的文章《〈石城日记〉所记载的幕府时代末期下级武士的饮食生活》[21]——

他原本是俸禄一百石的中级武士，却因为上书议论藩政而遭到贬官，俸禄减少至仅有十人扶持[22]。他在生活困苦之际写下这本日记，记录他独自一人去妹妹夫妻家叨扰时的情况。

在自家用餐时，每个人都有一份自己的餐点；

【21】《历史公论》八九号，一九八三年。

【22】以一人一天吃七百五十克的糙米来计算要支付的一年份稻米或金钱。

位置安排可见大人与小孩之间有一段距离，表示用餐的位置因为上下关系而受到严格规范。另外，酒宴等众人聚集的场合，会在垫子上放着大盘与碗公，主人与宾客围成圆形，手拿取菜盘夹着吃。宴会的菜色包括生鱼片、荞麦面、汤豆腐和卤菜。尾崎的人缘好，经常参加各个家庭举办的宴会，也常常喝酒和外食。日记中记录了握寿司与蒲烧等料理，由此可知当时就连乡下也盛行外食。

一八六二年（文久二年）四月十七日是东照宫（家康）的忌日，尾崎准备了米（一升五合）、醋、姜、鸡蛋、鱿鱼、香菇、鸡冠菜、峰斗菜、莲藕、海苔、瓠瓜、食用土当归、竹笋和鲑鱼等材料，亲手做散寿司送给其他人家。从三十三岁的男子动手做散寿司这点来看，男人做饭在当时似乎不是什么稀奇的事。

□■武士为什么不能去居酒屋？还不能把马绑在院子里？

接下来以纪州（现和歌山县与三重县南部）藩士酒井伴四郎为例，看看来到江户工作的武士又是过着什么样的生活。下文引用原史彦的《江户宅邸内的生活》[23]。当时二十八岁的酒井驻守江户的记录是从一八六〇年（万延元年）五月十一日起的半年间。在江户只要两天到三天工作一次即可，所以他充分地参

【23】江户东京博物馆、东京新闻编《参勤交代——巨大都市江户的形成》，一九九七年。

观游览了江户。一般去江户驻守的武士都是单身前往江户，住在江户宅邸的大杂院，遵守严格的生活规范，例如外出必须获得许可，不可以和其他藩的藩士起冲突，也有门禁。例如《南纪德川史》中便有以下的规定：

——门禁需严，藩士不得任意出门（此处的门禁是晚上八点）。
——不得观光和前往茶屋、旅馆、澡堂。
——外出时只能进入悬挂竹帘的茶店休息，不得进入提供酒类的餐馆，更不用提剧场等地（不可以去剧场和禁止外食，但是相扑除外）。

然而上述规定到了江户时代中期也逐渐松绑，只要遵守门禁，武士也能去居酒屋或是高级日本料理店；身份低的家臣如果家中没有浴室，也可以去澡堂和理发店。

生活相关的规范广泛，可能是来自经验法则。特别是大杂院的纠纷，现代人看到起因也会不禁苦笑。离开家人，到远方工作的单身男子住在大杂院的生活令人同情，以下是关于生活的规定——

——不可以演奏日本筝或是三味线。
——不可以让亲戚留宿。
——单身武士不可以随意带女性回来。

——不可以从窗户丢垃圾，也不可以把垃圾埋在自家院子跟扫到缘廊底下。

——马不可以绑在院子里。

——住家前的马路和水沟要在规定日子的早上八点左右清扫，平常也要打扫。

——小心火烛。

——发生争执时由对面或两旁的邻居负责调停，不可以特意跑去看热闹。

虽然酒井无法自由参观江户和享受购物的乐趣，在江户待了一年还是参观了不少地方。由于生活费大多必须自行负担，平常总是过得非常节俭。独自一人住在大杂院，从缝衣服到打扫都必须自己来，生活想必很辛苦。

大杂院面向宅邸对外的马路，所以武士也展现了从窗户偷买夜鹰荞麦面（京阪地区称作“夜鸣荞麦面”）的技巧。另外，虽然必须一边注意故乡的动向，一边工作，但是来到江户可以和朋友喝酒而不须客套或是能沉迷于嗜好中，不失为一件乐事。江户毕竟是走在时代前端的城市，在江户的见闻可以向人炫耀，也能带给对方刺激。

生活在文化中心，成为江户基础的坚强百姓又是过着什么样的生活呢？

3 美食花样百出更胜贵族的平民老饕

□■饮食成为兴趣的江户时代

从财力雄厚的富商到只求当天温饱的阶级都是平民，但每个人的饮食生活却迥然不同。如同前文所述，江户已经是经济大城，光靠关东八州[24]无法满足物资需求，必须借助以大阪为中心的关西文化力量。另外，由于每年几乎都会发生火灾，永远需要建筑工人——只要肯下功夫，什么生意都可能成功。例如和食品关联的商品便出现了如同现代的“截切蔬菜”。

武士不单是战争时的必要成员，下级武士的工作又细分为许多项目。由于武士阶层只重视礼法而不事生产，因而出现许多穷困的武士。相较之下，身份阶级最低的商人反而凭借雄厚财力而凌驾武士。如果生意成功，成为富商，生活更是奢华得无边无际。

幕府于一六六八年（宽文八年），对于百姓的生活提出规范：“百姓的生活必须稍加规范，有德之人亦不应一餐二汤三菜。家督于结婚时必须请教名主[25]。”这还是比较宽松的规定。平民

【24】相当于现在的关东地区，包括东京都、神奈川县、千叶县、琦玉县、茨城县、栃木县、群马县。

【25】日本古代官职，类似现代的里长。

在自由的风气下，为了和萍水相逢的其他人平稳相处，因而出现独特的生活习惯。相较于恪守礼法，坚持老旧规范的将军与诸侯，百姓反而发展出不重形式的兴趣，进而出现美食家。不过这要一直到了江户时代后半期，饮食成为玩赏的对象后才发生，日益奢侈，和现代的泡沫经济时代情形相似。

一般的平民百姓，也就是在大杂院生活的居民，不分男女，辛勤工作。早餐通常是白饭配味噌汤与酱菜。下级武士和商人的早餐大概也是一样，富商和有钱人则会再加一道菜。

工匠之类的劳工会在早餐加入牵丝的纳豆。纳豆在江户时代之前就已经出现，但是到了江户时代才成为老百姓的食物。豆腐等大豆加工食品是平民的重要蛋白质来源。但是不知道纳豆究竟是因为太臭了还是因为属于庶民的食物，被禁止端上将军的餐桌。

江户城的居民虽然主食是白米，但是农民吃的可能是两成白米混合八成麦子的杂粮饭。农民的地位虽然只低于武士，幕府管理农民的政策却是“吃不饱也饿不死”，要求农民用挥汗耕种的稻米缴税。众人皆知白米是农民辛苦挥汗的结晶，但是农民吃到纯白米饭的机会却少得可怜。

百姓不明道理也不知必须思考未来，秋天收割时便让妻子吃下大量稻米与杂粮。必须时时怀抱如同食物少的一月、二月和三月的心情，珍惜食物。应当种植麦子、小米、稗子、蔬菜和白萝卜等各种作物，避免吃尽白米。想起饥荒时分，会发现大量丢弃的黄豆、红豆、豇豆和番薯的叶子，十分可惜。

这便是有名的“庆安公告”，引用的文章多半会省略之后的“如此一来，生活便能轻松”。

单纯检视江户百姓的生活容易忽略天灾人祸与农民的生活，而仅注意到愉快的一面。然而都市与农村的生活其实截然不同。

接下来介绍午餐：商人的午餐是冷饭配八杯豆腐（高汤加入一点酒或味醂和酱油煮沸，放入切成条状的豆腐熬煮。吃的时候趁热撒甘紫菜）。工匠是冷饭配豆渣，下级武士则是冷饭配卤青菜。

江户时代会在早上煮好一整天要吃的米饭。到了温暖的季节，保存米饭应该非常困难。所以烹饪书籍记载了避免白饭腐败的方法。至于大阪等西日本地区是中午煮饭。用灶煮饭，光是生火就是一项大工程。所以我想日本各地应该一天都只会煮一次。

晚餐如果是冷饭配卤菜和鱼算是吃得好。商人底下的雇员也是有阶级之分，每个人的餐点都必须符合所属的阶级。如果是丁稚童工或是女佣，晚餐便十分简陋。大家会用仅有的少许薪水享受买摊贩食物吃的乐趣。毕竟奉公雇员一个月只能吃到三次鱼肉，营养实在不够。江户城的外食之所以发达一方面便是因为员工住在雇主家中，无法自行煮食所造成。

□■及时行乐的江户人生观

江户一直都是“救灾的城镇”。反复遭遇祝融之灾，重新搭建好的木造房子又再次烧毁。富商等资产家未雨绸缪，会打造地底仓库。但是大多数老百姓不知从何时开始认为“吵架跟火灾是江户的特色”，形成今朝有酒今朝醉的人生观。因此具备一技之长的工匠，尤其是建筑工人，生活过得比扁担小贩富裕。

栗原柳庵的《文政年间漫录》（文政年间为一八一八～一八三〇）中介绍了当时建筑工人的家计：一家三口（一对夫妻和一个孩子）的年收是一万零五百八十七钱六分银。三石五斗四升的米饭折合货币是三百五十四钱，调味料与木柴木炭费用是七百钱，扣掉房租等其他费用，还剩七十三钱六分银。

根据宫内辉武的《江户时代的食费》[26]，将建筑工人的生活费用换算成一九九〇年日本的物价，可以发现他的年收是两百零一万一千九百四十八日元，米饭费是四十四万六百零九日元，调味料与木柴木炭费用是八十八万七千一百一十日元。米饭与木柴木炭的费用便占了总收入的七成。由此可知年收入多半花费在食费上，饮食又以米饭为中心。

调味料包含盐、酱油和味噌。根据小野武熊编纂的《江户物价事典》[27]，一八二一年（文政四年）的酱

【26】《VESTA》，一九九七年五月号。
【27】一九七九年，展望社。

油费用是一两可以买到六桶四分的高级酱油、九桶一分的中级酱油和十三桶五分的低级酱油。

酱油桶由江户卖酱油的商人共同决定，基准是八升桶，实际容量是七升五合；低级酱油则是七升。但是江户原本是以关西的酱油为主流，一直到安政年间（一八五四～一八六〇）才出现关东（野田）制造的酱油。另外，一八二九年（文政十二年）时，味噌一贯是一点二钱银，盐一石是十五点二钱银左右。

成天叫卖的生活遇到风吹雨打的日子和假日也会休息，小心储蓄下少许的收入。江户城中下阶层的民众除非发生什么大事，否则天天都要工作；小孩则是去私塾学习读写与打算盘。由于平常节俭度日，遇到喜庆或祭典时便招待喝酒或吃饭——这种百姓的生活令人怀念。

近郊的渔夫会走到大杂院的巷子里卖花蛤、蚬、文蛤、马珂蛤和海带，蔬菜小贩也会来兜售白萝卜和蔬菜等，这种时候大家会好好聊上一番。房东则会留心房客的状况，大家似乎不会陷入都会的孤独。走出大杂院，马路沿路有店家；十字路口和中心道路上挤满购物的客人。到了江户时代后期，从乡下到江户观光的游客络绎不绝，江户城成为热闹的大城市。

□■揭晓江户老百姓心目中的配菜排行榜

从厨房的锅具、食材的种类和调味料等，可以大致推测江户时代百姓的日常饮食。除此之外，从“配菜排行榜”也能看出当时的饮食生活。

根据“日用俭约料理方式相扑排行榜”，分为“素食”和“鱼肉”两队。素食队的大关[28]是“八杯豆腐”，关胁是“昆布卤油豆腐”，小结是“炒牛蒡丝”；鱼肉队的大关是“串沙丁鱼干”，关胁是“去壳贝类卤萝卜干”，小结是“炒沙虾”。

裁判行司是腌黄萝卜、米糠酱菜、大阪渍、酸茎菜酱菜、腌茄子、梅干、寺纳豆（类似现在的豆豉）、芥末腌酱菜、酱油淋老酱菜、腌萝卜缨、奈良渍、腌薤，杂役则是鱼松、酱、卤黄豆、腌味噌、日光辣椒，主办人是柴鱼片、酒和盐辛，主办人辅佐则是下酒菜。

虽然年代不明，不过石川尚子女士（日本家政学会饮食文化研究部副会长）表示排行榜应该出现在天保年间。排行榜的第一名是豆腐，根据中央公论社一九九二年出版的《日本的近世》第九册，江户城在十九世纪初共有一千间豆腐店，几乎每条街道里都有一两间豆腐店。豆腐店利用店面与摊贩提供豆腐给百姓，武士和寺庙则是外送。先前提到的《文政年间漫录》中记载挑着扁担卖蔬菜的小贩卖的是芜菁、白萝卜、莲藕和地瓜，如此应该代表这些蔬菜卖得很不错吧？

根据杉山直仪在一九九五年出版的《江户时代的蔬菜品种》，品种最丰富的白萝卜是江户时代重要

【28】相扑力士分级制度中的层级，三者中以『大关』等级最高，『关胁』次之，『小结』最低，此三种层级又称『三役』。

的蔬菜之一。白萝卜以秋冬产为主，但是当时也流行栽种春天和夏天产的白萝卜。保存方式包括萝卜干和腌黄萝卜等酱菜。

白萝卜也有许多料理方式，例如当作辛香料使用的白萝卜泥，重点是品尝白萝卜的辣味。因此配合需求，栽培比较辣的白萝卜。除了吃荞麦面时，天妇罗的摊子也会提供白萝卜泥，可见白萝卜受到众人喜爱。除了白萝卜之外，小芋头、茄子、芜菁和蔬菜也是常用的食材。

回到配菜排行榜，素食队的料理以“凉拌菜”居多。九十五种料理中，就有二十四种是凉拌菜。例如白凉拌[29]鹿尾菜、白凉拌胡萝卜、醋味噌凉拌海带、山椒嫩叶凉拌莲藕、味噌凉拌蒲公英和芝麻凉拌山芹菜等。

鱼肉队共有九十六种料理，几乎都是排行榜前几名，例如包括鲔鱼味噌汤、鲔鱼皮油案鲔鱼雉烤[30]。天妇罗的排名是秋季料理的中段，但是排行榜没有注明材料。一般百姓会吃的是沙丁鱼、贝类、沙虾、鲔鱼、窝斑鰶和咸鲣鱼。当然这些鱼类不是每天都会出现在餐桌上。

【29】白凉拌是指豆腐、白芝麻与白味噌混合而成的调味料。

【30】味醂、酱油和酒调制的酱汁腌渍后烧烤的料理。据说禽类当中以雉鸡最美味，这道菜便是模拟雉鸡的味道。

四

当一个江户美食家 吃遍全城

1 成为全民美食运动的初鲣骚乱

□■不再只求温饱，美食家的诞生

江户一开始是引进京阪地区的文化，发展都市机能。伊势与近江[1]的商人来到日本桥经商，生意兴隆之后，建立起巨大的商店。这些商人在大阪也一样活跃。

元禄年间（一六八八～一七〇四）以大阪为中心，文化的发展倾向奢华，众人彼此竞争衣物的形状、颜色与材质。当时流行比较穿着，京都因而成为时尚中心，诸侯与富商在衣物上极尽奢侈，花钱毫不手软。

接下来是文化、文政年间（一八〇四～一八三〇），也就是“化政时期”。当时江户文化发展成熟，反映在饮食文化上。日本举国进入安定时期，各地纷纷打造所谓的当地名产，获得名产后对人炫耀关于名产的知识也成为一种身份的证明。各种阶级的外食逐渐发展，促成江户美食时代的诞生，正巧和现代日本泡沫经济时期的饮食文化相仿。

以下引用《平民文化百科论集二　江户的生活》[2]

【1】伊势、近江和大阪商人被称为日本三大商人。

【2】芳贺登编，一九八一年，柏书房。

所收录的文章《饮食三昧的江户》（斋藤隆三撰）："衣食住三者中，最为必要的当然是食，其次是衣，最后才是住。然而文化发展超越生活所需时，会翻转三者的顺序。住先发达，之后是衣，最后才是食。无论是奈良时代还是平安时代，甚至是镰仓时代也是一样。江户时代也是如此，安永天明年间是饮食三昧（窍门）的时代。"

所谓饮食的发达过程是人满足"吃"的生理需求之后，会追求更加美味的料理，促进饮食的发达；最后进入名为"美食"的艺术境界，追求最高级的满足。至于江户的居民又是演奏了一出什么样的"美食狂想曲"呢？

饮食文化在元禄年间已经在京阪地区萌芽，例如当时名为"浮濑"的料理店推出以贝壳作酒杯的酒与料理，大受欢迎。江户则稍微晚于京阪，到宝历（一七五一～一七六四）与明和（一七六四～一七七二）年间，赴江户工作的武士所前往的高级料理茶屋，例如升屋等餐厅开始生意兴隆。富商也会前往料理茶屋奢侈一番。

此时，散文集与评论集开始把"通"（精通）或"粹"（洗练）等形容带进料理的领域。"食通"（美食家）的概念应该是在天明年间（一七八一～一七八九）扎根。到了江户时代后期，一般百姓一个月也能说"我请客"而上一到两次馆子。[3]

其中以"初鲣骚动"最为知名，不仅高级料理茶屋

【3】出自《娱乐的江户　江户的饮食生活》，三田村鸢鱼著。

八百膳和当时最受欢迎的人气演员都花钱不眨眼，愿意为了鲣鱼花上二三两；就连生活仅能温饱的大杂院住户也为了初鲣而奔走。但是将军却能无视这股骚动，毫不关心初物。

不仅是鲣鱼，江户人还喜欢各种初物，可见对于饮食的关心之强烈。加上食谱的流行，可以窥见江户人的“玩心”。对于饮食的执着在化政年间达到高峰。

□■疯狂追求初物，连幕府都看不下去

料理店起源于提供“奈良茶饭”的一膳饭屋，地点是浅草的金龙山。如同前述，这是明历大火之后所发生的事。明历大火将三分之二的江户夷为平地，江户城的天守阁也因此烧毁，原本位于天守阁的装饰金鯱从此成为虚构般的存在。

为了重建江户，外来人口纷纷进入江户，因而带动餐饮业兴盛。之后虽然反复出现天灾，江户依旧毫不气馁，成为当时世上少见的人口密集都市，在幕府的管理下维持井然有序的生活。

江户的居民多半是独自一人来到江户的男子，大杂院的人口密集到连一丝丝农地也没有。但是在这里只要有钱就能买到一切，也汇集了全国的特产——因此摊贩、熟食店、挑扁担叫卖的小贩和各种料理店提供江户民众三餐温饱。

江户时代的食材比起中世（约十二～十六世纪）丰富许多，烹饪方式也更为复杂，原本仅限于某些阶级才会知道的秘密烹调方式也因为食谱的出现而流传至民间。

到了宽文年间（一六六一～一六七三），江户幕府制定了盐之外的三十七种食材的贩卖时间。由此可知幕府想要安定物价的决心，也代表有商人会刻意错开时令抬价和有消费者愿意接受哄抬之后的售价。三十七种食材条列如下：

水产禽鸟类

鳟鱼、香鱼、鲣鱼、海参、鲑鱼、鮟鱇、生鳕鱼（盐腌鳕鱼不在此限）、竹蛏、银鱼、金斑鸻、山鹬、雁子、鸭子、雉鸡、斑点鸫——以上共十五种。

蔬菜类

生香菇、问荆、珊瑚菜、生山葵、春蓼、姜芽、芋头嫩茎、竹笋、豇豆、食用土当归芽、蘘荷、松茸、茄子、白瓜、枇杷、东方甜瓜、苹果、梨子、葡萄、御所柿[4]、九年母、温州蜜柑——以上共二十二种。

透过上述规范，可以知道当时市场上流通哪些食品与其上市时间，十分有趣。鲣鱼订于四月，是为了取缔当时已经开始流行的初鲣等哄抬初物价格的风潮。物以稀为贵——只要早众人一步，就算多花点钱也要买的江户人个性在此时已经出现。

【4】由奈良县御所市所产的柿子。

由于当时尚未出现料理茶屋，此类食材通常是消失在熟食店、一膳饭屋和红灯区吉原的应酬宴会上。这些店家主要的消费者是每逢天灾便来到江户，修复江户的工匠。为了卖到更好的价格，不合时令的食材正是最好的商品。

换句话说，原本只是一个小村庄的江户在五六十年之间，便成长为一个必须对蔬菜鱼禽贩卖进行管制的都市。因为无法在都市中栽培蔬菜，江户周遭便成为供应都市食材的腹地。宽文年间出现的神田蔬菜市场证明江户都市化之迅速。

为了抑制食材价格攀升，幕府屡屡颁布法令。但是反过来说，只要提到“吃下肚”，大家马上就不再遵守法令了。下一段将以江户时代后期天保年间的法令为例。

□■江户人也流行在自己家种“蔬菜盆栽”？

以下是幕府在一八四二年（天保十三年）四月十一日颁布的法律：

不得贩卖非当令蔬菜一事，已屡屡颁布法令宣告。近来喜好初物之情况日益严重，料理茶屋更是竞相购买初物，烹饪高价食材，破坏分际。例如黄瓜、茄子、菜豆和豇豆等蔬菜和其他称为新芽的蔬菜，盖上油纸，施加肥料；或是移至室内栽种，以炭火加温。一整年贩卖非当令的食物，是导致奢侈的理由，贩卖非当令蔬菜者也是破坏分际。之后绝不可再栽种号称新芽初物等蔬菜。此法需四处公告，不得贩卖与购买初物蔬菜。鱼鸟是自然捞捕狩猎贩卖，情况不同于蔬菜。耗费大量人力，摘除许多新芽，致力少量栽培，高价售出者，不可任其再犯，若有不守法者，调查后须受惩罚。

右文[5]公告期间，直属幕府之领地者通知代官，私人土地者通知领主与地头。

但是乡下与过往上贡之蔬菜则维持原状。

右文应公告。

由上述可知，料理茶屋竞相购买初物的蔬菜；农夫发现初物的农产品价格高昂，于是开始研究，甚至想出制作温室来栽培。

两年之后，也就是一八四四年（天保十五年）颁布的法律则是：

最近出现茄子与四季豆的盆栽等作物，农家主张其为初物，偷偷售予料理茶屋。

由这段公告可知当时出现类似现代人种在公寓阳台的蔬菜盆栽。尽管对象不同，想法却几乎一样。

日常生活中，吃初物成为话题，加上江户人讲话充满活力又干脆，不知不觉连庶民也迷上新芽（姜或小麦

【5】引用之原文为由右向左书写的直式格式。

的新芽）和各种初物，最有名的便是初鲣骚动。

□■就算食物中毒、口袋没钱都要吃

江户时代初期的见闻录《庆长见闻集》[6]就已经出现“鲣鱼、鲔鱼于每年夏季自西海来到东海，此时赏玩伊豆、相模、安房沿海捕获之初鲣”的记录，由此可见日后的鲣鱼热潮。鲔鱼原本是便宜的鱼类，由于酱油与握寿司的普及，使得鲔鱼出现在武士的餐桌上。

《庆长见闻集》是庆长末年的作品，当中提及三月的香鱼和初鲑也受人重视，文中描述“鲑鱼十年前为冬末捕捞，现为初秋，近年初鲑一尾值金五十两、三十两”。由于初秋没有其他渔产，近海逐渐捕捞不到的鲑鱼因而受到重视，价格攀升。

鲑鱼不是等级低的鱼类，水户黄门——也就是水户藩主德川光圀（一六二八～一七〇〇）就很喜欢鲑鱼，鲑鱼返乡游上那珂川时便会举办名为“初鲑飨宴”的宴会。关于那珂川的水户家鲑鱼，三田村鸢鱼在《娱乐的江户　江户的饮食生活》中的《庶民食物志》一文表示：

一般鲑鱼是指咸鲑鱼，以前认为是越后（现新潟县）的咸鲑鱼最好。现代鲑鱼虽不美味，以前的鲑鱼可是十分好吃。虽然不知道鲑鱼何时来到江户，宝历三年的

【6】三浦净心著，一六一四年（庆长十九年）。

《名产诸色往来》[7]中记录了“越后咸鲑鱼”，可见宝历初期咸鲑鱼受人重视……之后，也有部分来自那珂川的生鲑鱼。这是因为水户家养殖……

水户德川家为了把初鲑献给将军，花上三天两夜一路送到江户（《水户市史》）。

初鲣流行起来之后，川柳中出现很多江户庶民为了面子和欲望，付出手头仅有的少许财产也要吃到初鲑的故事。一般老百姓吃不起要价二三两的新鲜鲣鱼。如果勉强吃了不新鲜的鲣鱼而食物中毒，当时迷信可以用樱树皮或枇杷的叶子救命。

【7】记载工商用文字与商品的书籍。

2 自带美食雷达的江户人

□■江户时代就有美食指南？

《浮世澡堂》[8]是一窥江户百姓生活的绝佳数据，接下来介绍此书中几个例子，请各位读者想象当时江户老街的饮食生活。

《浮世澡堂》即将出版之前，出现了介绍江户餐厅的书籍《七十五日》（一七八七年〔天明七年〕），书中列举点心、酒类、蒲烧与寿司等名店。出现介绍外食的书籍，表示外食人口增加。评点外食的书籍早在安永年间（一七七二～一七八一）即有出版，可以发现当时对于外食的关心之深。江户的街上充斥购物或出游的旅客和来出差的生意人，沿路皆为大店家的马路总是热闹非凡。身为巨大经济都市的江户，物资自然流通频繁，充满活力；当中甚至出现令人颇为怀疑是否真能养家糊口的生意，例如单卖煮豆子的摊贩。

江户时代进入安定期后，当时的人民是如何享受生活的呢？

引用《浮世澡堂》中“早上泡澡的光景”一文中与食物相关的部分：

【8】式亭三马著，一八〇九～一八一三年（文化六～十年）。

“纳豆、纳豆——”

“差不多是纳豆小贩来卖金时（煮红豆）的时候了。”

“去壳花蛤、去壳文蛤——”

“酱、金山寺味噌、酱油曲……”

“酱菜、奈良渍、南蛮渍（用辣椒调味的酱菜），要酱菜吗？”

卖纳豆的小贩会在吃早餐时挑纳豆来卖，接下来是卖熟食的小贩。由对话中可知当时小贩通常是在固定的时间出没。去壳贝类是由小孩挑着扁担来卖，调味料与酱菜的小贩也会来到澡堂兜售。

江户人经常食用纳豆。卖纳豆的小贩把煮过的黄豆置于室内一晚发酵，第二天早上出门兜售。吃法是做成纳豆汤或是淋酱油。《守贞谩稿》提到京都大阪地区没有卖纳豆的小贩和商店，都是各家自行制造。去壳的贝类包括花蛤、文蛤、毛蚶和中国蛤蜊，江户深川地区有许多渔夫捕捞上述的贝类。

□■小气商人！鱼最好吃的部分是鱼头？

接下来是伊势的商人在有生之年建立起自己的商行，下一代却经营不善转眼间倒闭的故事——

他的老头是从伊势来到东京，在自己有生之年做生意成功，所以非常精明，完全不请客。今天菜市场上很多鱼，想稍微让店员吃点鱼。大盘子上就只放了五条醋煎鳀鱼，头尾整齐排列，用小笠原流（武士的餐饮礼法）的方式，一副严肃的样子。鳀鱼是当天买来烤好放着。自己第二天早上提着菜篮上市场，在市场里绕来绕去也买不下手，于是买了折断的带土白萝卜，加入昨天烤好的鳀鱼，做成白萝卜切片的卤鱼。这就是吃饭的配菜。就算家里有许多女佣也是一样。配菜是由老太太端出来，平均分给每个人。老太爷拿起鳀鱼，从头咬下去，一边吃一边说鱼好吃是在鱼头。四五十个掌柜和丁稚童工也只好从鱼头开始吃起。那家店里没有东西会过时，一年到头早上都是茶粥，中午都是喝汤，晚餐配腌黄萝卜，而且又很咸。只要吃了两片，连配白开水的菜都有了。说今天是祖先的忌日，所以要吃的八杯豆腐（多半是切得细细的豆腐加进汤里吃）在碗里漂来漂去。加了柴鱼片的汤要等惠比寿日[9]和生日才有。三餐以外提供的点心是盐炒水洗晒干的冷饭，里面加乡下送来的味噌豆。豆子数量少到要敲锣打鼓才找得到呢。除了那个味噌豆，就是自己煮的甜酒了。老太太是上总的人，所以茶点老是做萨摩煎。除此之外就没有其他食物了。

“萨摩煎”是混合米和红豆，加入切成方形的地瓜[10]蒸过再煎的食物。

【9】惠比寿是日本的财神爷，惠比寿日是十月二十日，商家会在这天拜财神爷和宴请亲朋好友，祈求生意兴隆。

【10】日文中的地瓜为『萨摩芋』。

虽然应该不是所有商店的店员都吃得这么糟，但是不难想象能在江户闹区建立起大型商店的伊势和近江的商人应该做过类似的事。尽管如此，店员还是肯定吃得到饭。只是配白饭的菜总是口味重，腌黄萝卜之类的酱菜经常派上用场。

□■散尽家财都要吃到的初鲣

接下来介绍商人叫卖的口号：

“菖蒲菖蒲——”“金时汤出大角豆——”“豆腐——”“要蒲烧吗？蒲烧……”

菖蒲指的是菖蒲丸子；“汤出”的发音是“UDE”，指的是水煮，“大角豆”是豇豆，“金时”是豇豆的一种；当时的豆腐比现在大四倍到五倍，经常出现在餐桌上。风俗画上也可以看到百姓把买来的豆腐放进桶子，赶着回家的模样。

以上是《浮世澡堂》前编的上卷，接下来是带便当去私塾的故事：

“没下雨的日子，不用带便当。”

“嗯嗯，可是——妈妈，你还是帮我带便当啦。”

“吵死了，那么想要就给你带便当，配菜不准挑三拣四的。”

"配菜要这要那的，要求可多得了。"

（《浮世澡堂》二编上卷）

如果没下雨，学生午休时间会回家吃饭。从引文看来，应该是便当的菜色比较好。作者笔下江户时代的母亲和现代拥有一样的烦恼，看了不禁令人苦笑。

接下来的引文呈现江户人合理思考的一面：

在牌位前放上许多供品，又是什么芋头，又是什么味噌，人死了之后吃了没吃，没人知道。与其忘记忌日（斋戒日），烤一片油炸豆皮或是上些年糕和七种点心供奉我，不如在我活着时让我吃初鲣和喝上一杯，更能积功德。

（《浮世澡堂》二编上卷）

由引文可看出吃初鲣是多么令人高兴，所以编出各种理由也要买到初鲣。鲣鱼的日文发音同"胜鱼"，因此武士经常食用。鲣鱼同时也是婚礼上的吉祥菜和礼品。到了阴历四月（公历五月），鲣鱼顺着黑潮来到伊豆半岛，渔夫在小田原和镰仓捕捞鲣鱼，用马走陆路或用船走海路运到江户。

除了进贡将军之外，其余的鲣鱼都在拍卖时被料理店或富商买走。最后剩下来的则由充满活力的鱼贩挑着砧板和菜刀，跑去江户城中贩卖。尽管是一般百姓，也会为了展现自己懂吃而花大钱买初鲣，蘸黄芥末和酱油享用。

一八一二年（文化九年）三月二十五日进货的十七只初鲣，一只价格高达二两一分到三两（相当于现今的十万日币）一事广为人知。十七只初鲣中有六只进贡给将军，八只由鱼店买去，三只由有名的料理店“八百善”买下，鱼店买下的其中一只由演员中村歌右卫门以三两买下。由此可一窥江户人喜好美食的一面。

贩卖初鲣的贩子，桶子里可以看到砧板和菜刀（出自《守贞谩稿》）。

然而到了天保年间（一八三〇～一八四四年），鲣鱼的渔获量增加，价格因而下跌，以往疯狂购买鲣鱼的热潮消失得无影无踪。

《浮世澡堂》中强调江户人一定是趁着还冒出热腾腾蒸气时吃江户湾捕捞到的鳗鱼所做成的蒲烧鳗鱼，如果吃到一半凉了就要换另一只刚烤好的鳗鱼。

□■江户人过年吃什么年菜?

“三年前变酸的腌黄萝卜两片，刚好配菜的鹿尾菜里放了三只鳀鱼。忌日时用荒布（昆布）配上切成长条的豆皮所做成的配菜两块。店里的人都会偷偷跑去料理茶屋，偷吃好东西是没关系，我们就觉得没意思了。”

“得赶快回家准备年菜，你家是吃味噌口味的年糕汤吗？”

“不，还是酱油口味的年糕汤好。”

“这还真是巧，我家也是酱油口味。”

“屠苏和敲牛蒡也是……我家也会捣传统的年糕喔。抱着角大（好的木炭）、喝五合剑菱酒来过年……去吃野味（卖山猪肉和鹿肉的料理店）的店喝便宜的酒。”

（《浮世澡堂》三编上卷）

从引文中可以得知当时酱油普及、过年开始习惯吃年糕汤和年糕、敲牛蒡与屠苏成为年菜。当时虽然禁止畜肉，从引文却可得知一般百姓还是会吃山猪锅。明治文明开化时期，牛肉锅之所以普及得如此迅速，应该是因为大家原本就已经在吃畜肉了。

就连将军也收下彦根藩井一家进贡的味噌牛肉，将其视为“药膳”，也就是正餐以外的食物。虽然法律明文规定，结果全国不分上下还是在吃畜肉。接下来稍微再介绍一下年菜——

“切成正方形的麻糬，不加菜也不放芋头，单放麻糬，切成十八块。之后是装在便当盒里的鲱鱼鱼卵和煮黑豆，搭茶泡饭一下子就吃了三碗……中午是……味噌汤是切成银杏叶形状的白萝卜和切成方块的烤豆腐。碗里固定是芋头、胡萝卜、牛蒡、白萝卜，加入鳀鱼干。加了鳀鱼干就不会臭，所以请客时加了去壳毛蚶……加鳀鱼干的生鱼片搭配烤咸鲑鱼，又吃了六碗茶泡饭。咸鲑鱼很下饭啊。”

“……吃馅饼吧？还是薄皮馒头呢？或是烤番薯呢？”

“……从大福麻糬开始，无论是水煮蛋还是芋头关东煮，说要买下所有经过的小贩。小贩叫卖‘热的高雅麦饭’，要是卖麦饭的小贩来了就买。小贩叫卖红豆汤，所以叫来小贩要买红豆汤……买下剩下的所有风铃荞麦面（夜鹰荞麦面），叫荞麦面摊热酒来大吃大喝。”

（《浮世澡堂》三编下卷）

这一段是大胃王的对话，薄皮馒头、烤番薯、大福麻糬、水煮蛋、红豆汤、关东煮和荞麦面都有挑着扁担叫卖的小贩，简直像是节庆摆摊。待在家里就能买到这些东西，可见生活之便利。就算本来肚子不饿，听到叫卖声也会忍不住一一买来吃。

□■夏天最珍贵的当令特产就是……冰水？

到了夏天，则出现夏季常见的光景——当令特产“冰水”。

“要冰水吗？很冰的冰水。要刚刚汲水的冰水吗？很冰的冰水。”

“喔，刚好卖冰水的来了。喂，卖冰的，雪女跟冰砂糖都加进去，卖我四文。”

“是是是，也要加白玉汤圆吗？”

“喂，卖冰的，给我加满砂糖的冰水一杯。”

（《浮世澡堂》四编上卷）

所谓的冰水其实是冷水，以当时的技术究竟能做出多冷的冷水令人怀疑。但是砂糖普及，使得百姓可以在炎热的夏季补充水分与热量。砂糖水就是糖浆，加了白玉汤圆更是美味。

砂糖长久以来被视为药物，原本是幕府从荷兰、西班牙与中国等外国进口。

一直到吉宗将军的时代出现财政困难，才终于做出日本产的砂糖。吉宗的正确决定促成日后日本料理与日式点心的诞生。

□■逐渐消失的当令食物

接下来介绍江户人喜欢的初物：

“什么事情都要快，你看纳豆，我们觉得不到冬天就吃不到纳豆，最近却是八月初就开始喝纳豆汤。”

“是啊，十一月（此处为阴历十一月）想要吃纳豆，却已经听不到小贩叫卖的声音。我对这件事情有些话想说。生在江户最感谢的事情就是随时都买得到想要的东西。初物都比其他地方早吃到，无论是蔬菜还是鱼类，几乎四季都买得到。”

“所以才会变得这么奢侈，老是在抱怨。”

“不，真的是随时都买得到，只要出得起钱就买得到。生在江户的人不知道豆子什么时候结果，也不知道芋头什么时候收割。大家不知道什么是当令的时候，当然也不知道什么时候插秧和收割。然后你呢，我前一阵子到某个乡下，那里的鱼非常便宜。大概这个大小。虽然鱼的价值不在于大小，但是大到抱不起来的鱼居然只要三十六文。你看了也吓一跳吧。五到十个人都还吃不完的鲣鱼只要三十六文。我用二十文买了带骨头那边的鱼肉[11]做成生鱼片吃。接下来就是缺点了。正需要萝卜泥的时候却没有白萝卜……真想让江户人们听听。”

（《浮世澡堂》四编下卷）

《浮世澡堂》文中亦有出现蔬菜。蔬果商人贩卖着配菜不可或缺的蔬菜，以下为文中提及蔬菜商品的内容：“白瓜如何？南瓜、十六豇豆、冬瓜、丸渍瓜、香橙、蘘荷、辣椒。”蔬果商人如果有自己的店面，就是蔬果店。

饮食带来的是“又到了这个季节”的感叹与过了一年终于又吃到的喜悦。文中也感叹当令食物的消失。

但是人类的“文化”往往是借由支配自然的欲望所

【11】鱼切成两片时，一片只有肉，另一片连肉带骨。

孕育而成，江户庶民对于纳豆的感叹与现代人失去当令与四季的感觉相同。历史往往是重蹈覆辙。文中感叹都市居民缺乏农作物知识这一点，也和现代相通，听来刺耳。

本段引文之后依旧是关于食材的心得：离开江户，要买白萝卜必须走上六里；白萝卜的价钱比鲣鱼还贵。鲣鱼之所以昂贵是因为在江户大卖，如果鲣鱼没人买，就算是在难以取得的地方，价格也会下降。

《浮世澡堂》在幽默中真实描述当时平民的对话，是研究江户时代百姓生活的绝佳资料。但是阅读时必须注意，作者式亭三马在书中亦加入了自己生意的广告。

《浮世澡堂》虽然是小说，却栩栩如生地描绘了庶民的生活。透过此书，可以窥见一般百姓虽然生活贫苦，却在有限的环境中享受对于饮食的坚持。

文章中可以发现老百姓的坚强，为了生活拼命工作却也能在其中苦中作乐。买方与卖方彼此关心，如同伙伴。因此尽管上位者再三颁布法律取缔平民脱序，却无法彻底禁止。

3 拥有风雅基因的和菓子演化史

□■砂糖原先只是来自西方的进口药物？

一说到点心，大家的直觉反应都是甜的，于是马上联想到砂糖。砂糖在江户时代初期是昂贵的食材。如同前述，砂糖原先是进口药物。在将军吉宗的奖励之下，才终于在四国的赞岐（现香川县）成功制造出日本砂糖（现在当地的和三盆糖依旧颇负盛名）。加上萨摩（现鹿儿岛县）与琉球的贸易普及，到了江户时代中期之后，庶民也买得起砂糖了。

由于砂糖的制造过程十分复杂，白糖因此用于高级点心。由于上流阶级之间流行茶道，点心的种类随之大幅增加。

首先是京都的日式点心技术逐渐发达，之后才传入江户。

但是一般庶民只用得起精制程度较低的黑糖，所以发展出“杂点心”[12]。杂点心的称呼在日后转变为“菓点心”，成为庶民食用的点心；现在有名的是仙台的驮点心等。

原本日式点心的甜味是来自水果和蜂蜜等天然材料，平安时代则是利用来自中国的麦芽制造麦芽糖。麦芽糖

【12】相较于茶道用的高级点心，主要指的是卖给小孩子吃的便宜点心。

的历史悠久，香川县三木町现在依旧有糖果店持续制造传自享保年间（一七一六～一七三六）的麦芽糖——“凝煎饴”。

此类利用酵素或是酒糟等微生物的加工商品，必须严格控制温度与湿度。古人利用微生物制造糖果和甜酒的智慧，实在令人敬佩。此外，从植物枝干取出的树汁“七叶胆汁”，在平安时代受到贵族重视。如前述《枕草子》中提过夏天最棒的食物就是在刨冰上淋上七叶胆汁。

□■点心的由来仅是神佛的供品

点心在奈良时代由中国传入日本，原先是神佛的供品，也是所谓的“唐点心”。此类点心一直到现在都还存在，以面粉或米粉为原料油炸而成，据说是日后面线与乌冬面的原型。到了平安时代，唐点心开始出现在贵族的宴会上，吃的时候蘸盐、酱、熬煮过的七叶胆汁或糖吃。

除此之外，历应年间（一三三八～一三四二或贞和五年〔一三四九年〕），归化为日本人的林净因化名为“盐濑”，留下将蒸馒头传入奈良的记录。室町时代中期，京都也有人贩卖砂糖馒头和菜馒头。

捣米做成的麻糬则有红豆跟黄豆口味。米粉做的仙贝是传入江户之后才涂上酱油食用，在那之前都是盐口味。日本的湿度高，当初保管想必非常辛苦。关东多半是米粉做的仙贝，例如草加仙贝便十分有名。面粉做的仙贝往往混合各种材料，例如鸡蛋仙贝、芝麻仙贝、味噌仙贝，集合各种口味。

烤麸是薄薄的面粉烤好之后涂上味噌卷成圆筒状的点心，据说是日本茶圣千利休发明的。仙贝的原型是唐点心，之后以烘烤取代油炸，成为日本独特点心。

麻糬点心包括草麻糬、牡丹麻糬、柏麻糬和桩麻糬等，江户向岛长命寺的樱麻糬也声名远播。大福麻糬是从江户流行起来的点心，由来是江户小石川箪笥町一位名为阿玉的贫穷寡妇，贩卖加盐红豆馅的白色麻糬。砂糖红豆馅出现于宽正年间，根据《江户语辞典》的叙述："原为'腹太饼'之别名，日后出现形状较小的烤麻糬，包裹添加砂糖的红豆泥馅。享和二年的绘本《绵温石奇效报条》出现'大福麻糬，热热的'（叫卖声）的记录。"除此之外，当时经常食用黏性小米做的小米麻糬，江户一地还有仙贝馒头。

点心的世界在室町时代出现了崭新的种类——南蛮（西式）点心，留待下一节介绍。

□■"长崎蛋糕"竟然原是下酒菜！？

南蛮点心的特征在于使用砂糖与鸡蛋，砂糖点心格外受人欢迎。

砂糖由于进口而大量增加，其中又以金平糖（葡萄牙文为

confeitos）特别受人喜爱，井原西鹤的短篇著作《日本永代藏》卷五《劳苦功低的机械时钟》中介绍了金平糖的做法——

他想“这个金平糖一定也有核，既然是在芝麻外面包上糖，秘密一定是藏在芝麻的制造方式”，先用砂糖炒芝麻，干燥了几天之后，再用炒锅炒。芝麻加热之后，外面渐渐裹上一层砂糖，自然成为金平糖。一升的芝麻可以做出两百斤的金平糖。一斤原料只要四分银的金平糖，售价五钱银。

现在的金平糖是以细白糖为结晶核，而非芝麻或罂粟籽；制程约十天，是做法复杂的点心。有平糖[13]和蜂窝糖也是这个时代的产物。

除了砂糖点心之外，以面粉、砂糖与鸡蛋为原料的烘焙点心也传入日本。日本原没有烤箱，本来认为难以制造长崎蛋糕。然而长崎的工匠耗费心血努力之下的结果是日本的长崎蛋糕超越了葡萄牙，成为日本独特的点心。

江户时代的“长崎蛋糕”原本是下酒菜或配菜，当作配菜时是和香菇卤到收干汤汁。此外，茶道的怀石料理菜单初期把水果、树木的果实、昆布和菇类都当作“点心”。

【13】砂糖加水熬煮而成，类似现代的拉糖。

□■旋涡图——江户卖糖人的正字标记

日本自古以来就有糖果，江户也有针对平民百姓所推出的糖果。例如千岁糖——这里的千岁不是念“CHITOSE”，而是“SENZAI”[14]。据说是浅草的卖糖人七兵卫所想出来的点心，又称寿命糖。

笔者小时候在寺庙的摊子上看过卖给小孩的精致糖果，精细的手工引得笔者都看呆了。江户也有卖做成鸟类形状的精致糖果。

此外，据说名为土平的卖糖人曾经在明和（一七六四～一七七二）到天保（一八三〇～一八四四）年间，穿着奇装异服、边唱边跳地推销糖果。土平之后开始流行奇特的卖糖方式，例如名为阿驹的女性卖糖人，所卖的糖果称为“阿驹糖”，大受欢迎。每当有人买糖，阿驹便会边说边跳上一段：

> 客人跟阿驹买糖，再跟阿驹买糖吧！在嬉森、铃森或芒草中出现，微笑道谢的模样啊呀呀呀，看一下吧呵呵呵。[15]

除此之外，还有不知道究竟是什么糖果

【14】现代的千岁糖念作『CHITOSE』，多用于庆祝七五三节。

【15】此段说唱不成意思，只是念起来有韵好听。其中嬉森和铃森皆为江户时代实际存在的森林。

的“ANKERAKONKERA 糖”“NAMAIDA 糖”“AMEKOIKAINA 糖”“安南 KONNAN 糖”[16]和“阿万糖”等。《守贞谩稿》中提到“江户的糖果店必绘有旋涡（店面招牌上画有旋涡图案），卖糖人也必绘此图”。

□■流有风雅血液的日式点心

上流阶层的点心代表是京都御所的御用点心“虎屋”与“川端道喜”等。茶道用的点心是日式点心，特征是使用红豆馅、面粉、各种米粉与洋菜，借由蒸或揉做出许多形状，以四季风情、古典小说或和歌命名。落雁[17]等压模做出的点心也是从江户时代开始兴盛。

羊羹原本来自中国，以加入面粉的蒸羊羹居多。后来江户出现了使用洋菜与砂糖制作的红豆羊羹，蒸羊羹因而没落。琵琶湖北岸的近江八幡是近江商人的故乡，当地出产的丁稚羊羹是丁稚童工返乡时购买的伴手礼。朴素的竹叶包裹蒸好的羊羹，味道清淡，令人联想起江户时代。

《守贞谩稿》中如是叙述江户当时点心店的特征：

江户的点心店必定将招牌放在路上，京

【16】上述几项糖果皆无汉字，名称也无特别意思，仅为发音有趣，此采罗马拼音表示。

【17】米粉加麦芽糖或砂糖染色后压模干燥所做成的点心。

阪地区的点心店没有此一风俗。招牌形状为蒸点心的蒸笼。蒸笼周边为青漆，中间为朱漆，文字以黑漆书写。装饰用的蒸笼除此之外，也有相同形状，尺寸较大的蒸笼。招牌为此蒸笼缩小之模样。

江户的点心店，门帘的形状也与其他商店相同。

点心店的名称风雅，称为某堂、某亭或某园。门帘多以用白色帆布做底，直接以毛笔书写店名。

点心既然普及与发达至此，当然料理的世界也是一样。随着出版业界发展蓬勃，食谱成为流行的读物。食谱的巅峰是以《豆腐百珍》为代表的“百珍系列”，书中收录一百种豆腐料理。下一节介绍食谱与饮食游戏化。

□■料理书成为时髦的送礼首选

江户时代的物流发达，食品种类增加，庶民只要有钱就能买到许多东西。因此到了江户时代中期，料理方式也逐渐多样化，开始流行食谱。食谱的作者原先是诸侯等上流阶级的厨师，其分别隶属室町时代所成立的各种流派。食谱相当于各个流派的秘籍，例如《大草家料理书》。

针对一般人所出版的第一本食谱是《料理物语》(一六四三年〔宽永二十年〕)，据说作者可能是武州狭山的人。日后反复重印，可见读者之多。食谱出版在文化与文政期间(一八〇四～一八三〇）达到巅峰，主要的食谱书籍共有两百本左右。

一七八二年（天明二年），大阪出版了《豆腐百珍》一书。第二年江户也开始销售此书，成为日后“百珍系列”的滥觞。《豆腐百珍》收集了一百种豆腐料理，同时收录关于豆腐的历史与文化知识。一百种料理又分为寻常品、通品、佳品、奇品、妙品、绝品，共六种等级。为料理排行的编纂方式新颖稀奇，作为一般读物也广受欢迎；日后出版的续集依旧受到读者捧场。

第三本豆腐食谱《豆腐百珍余录》不同于前两本，不仅没有排行，也只收录了四十种料理。

《豆腐百珍》的第一集将豆腐料理分为六种等级，凡例中关于“绝品”的解说如下：

绝品为优于妙品者。奇品、妙品最为美味，却可能过于豪华。绝品无论外观图案和稀奇与否，都是真正的淮南之味，绝妙地和谐。好豆腐者应尝之。

列为绝品的豆腐料理共有七种，分别为炸流、辣味豆腐、田乐豆腐、汤奴、雪消饭、鞍马豆腐和真馄饨豆腐。

“炸流”是炸豆腐的汤豆腐版；“辣味豆腐”是以生姜提辣；田乐豆腐是将豆腐切成长宽两点五公分，厚度一点五公分的方形，三个一串，烤到变成金黄色之后拔下，放进有盖子的陶碗里，淋上黄芥末醋味噌和洒上罂粟籽。“汤奴”是汤豆腐，但是汤头是葛根粉汤，用生酱油卤过，放入柴鱼片花后过滤，再加入葱、胡萝卜泥和辣椒粉。

《豆腐百珍》的续集和第一集的编排方式相同，加上插图介绍田乐豆腐的名称由来。《豆腐百珍余录》是已经在江户出版的《豆华集》改名后重新出版的食谱。相较于《豆腐百珍》，介绍的料理并无排行，也没有目录；序言中提到出版的理由是介绍江户的风流；食谱数量也并无一百种，而仅有四十种。

尽管如此，单一食材竟然出版了这么多食谱又大受欢迎。加上其他“百珍书”，可以发现江户时代的中产阶级究竟多么爱好美食。《豆腐百珍》的序文结尾是一首七言绝句：

淮南遗述百珍成，
饱食富翁洁腹生，
皆是澹然勘味道，
腐儒日得一斋名。

《日本料理秘传集成》第九卷（原田信男、奥村彪生编，一九八五年，同朋舍出版）中介绍此首绝句的大意，引用如下：

传自淮南的一百种豆腐料理编纂成书。
厌倦美食的有钱老人靠吃豆腐清洁肠胃，延年益寿。
书中的豆腐料理全都清爽美味。

无用的书生会惊讶于这本书名声大振吧？

如同作者的意图，《百珍系列》流行了起来。“珍”意指美食，除了《鲷百珍料理秘密箱》《新著料理柚珍秘密箱》《诸国名产白萝卜料理秘传抄》《万宝料理食谱集》《万宝料理秘密箱》之外，还有地瓜、海鳗和蒟蒻的百珍食谱。

《万宝料理秘密箱》上篇卷二至卷五介绍鸡蛋料理，共有一百零三种。其中最为人瞩目的是“蛋黄蛋白交替蛋”。新鲜的放山鸡鸡蛋从顶端用针戳出约一寸的洞，灌入米糠味噌后腌渍三天，烫熟之后蛋黄与蛋白会交换位置。

鸡蛋料理最后介绍连同蛋壳一起切开鸡蛋的方法。新鲜的鸡蛋泡醋一小时后，直接加热，不盖盖子。烫熟的鸡蛋稍微泡酒一下，用薄菜刀切片，可以切成约十五片。

《万宝料理秘密箱》分为上篇五册、第二篇三册、第三篇三册、第四篇三册、“菜单集”两册，合计十六册。内容甚至包括本书的使用方式，强调其效果之大。由此可知料理开始出现玩心。作者器土堂在序言中表示：

十六本料理书配合五种（五篇）主旨而写，料理本身可能奇怪或烹饪困难，依照本书说明便能安心烹饪稀奇的料理。除此之外，本书无聊时可以当作聊天的话题，或是稀奇珍贵的礼物；书中料理又分为鱼类与素食料理，因此也能送给和尚与尼姑。风雅人士还能阅读一辈子。

《万宝料理秘密箱》原本是稀奇料理的食谱书，作者在序言中为书籍附加了话题与送礼的功能。由此可知，当时增加的不仅是喜好外食的美食家，还有自己动手烹饪的美食家。收到本书的人也会因为收到时髦的礼物而感到高兴。虽然不过是聊天的话题，但是可以说食谱之所以泛滥是始于豆腐。

□■江户时代就有大胃王比赛?

庆安年间（一六四八～一六五二）正值江户时代初期，江户大冢地区名为“地黄坊樽次”的男子很会喝酒，曾经举办拼酒战。拼酒时的酒杯是可以装入七合（约一千两百六十毫升）的大酒杯。

到了十九世纪的江户时代后期，一八一七年（文化十四年）在两国柳桥的万屋八郎兵卫宅邸举办了“大酒大食会”。当时比赛用的食物是酒类、点心、米饭、鳗鱼和荞麦面等。现代流行的电视大胃王比赛，其实江户人早就举办过了。

首先是拼酒部门，根据记录，芝口的鲤屋利兵卫（三十八岁）喝了六杯半三升的酒之后倒下，休息很久之后又用茶碗喝了十七杯水。

点心部门有人一口气吃了五十个日式馒头、七条羊羹、三十个薄皮麻糬，又喝了十九杯茶。

米饭部门则留下吃了五十碗饭搭配五把辣椒和吃了五十三碗饭搭配三合酱油的记录。饭碗的大小是吃茶泡饭的大小。比赛时用万年味噌当米饭的配菜，搭着酱菜一起吃。

荞麦面部门是用中型的平碗（形状类似盘子），有选手吃了六十三碗盛满的平碗。最有趣的是鳗鱼部门，不是比吃了几只，而是换算成价格，因此不清楚选手到底吃了多少。虽然文末表示比赛真伪不明，然而出现此类比赛可知饮食在江户时代已经变成一种游戏。[18]

以上是江户化政年间，部分成为美食家的江户百姓将饮食提升至游戏的记录。下一章将介绍针对上流阶级所发展而成的外食文化——料理店。

【18】出自《文化秘笔》《未刊随笔百种》第八，一九二七年，临川书局。

五

跟着江户人去
高级料理茶屋“八百善”

1 富裕的生活催生料理茶屋

□■江户人最潮的聚餐地点——奈良茶饭屋

关于明历大火（一六五七年〔明历三年〕），坊间流传许多源自大火的故事，例如据说是因为燃烧不吉祥的振袖而起，因此也被称为“振袖火灾”。大火发生于江户幕府开府后约五十年，延烧至整个江户市中心。据说在这之前，江户并没有提供料理的餐厅，前述的“奈良茶饭屋”就是发迹于此火灾重建之时。所谓的奈良茶饭，本来指的是奈良地方的茶粥。

另外，本书中多次提到的明历大火，关于其别名“振袖火灾”的由来，可参见荣森康治郎的《求水四百年》[1]中所述：“浅草商人大增屋十右卫门之女名阿菊，制作了与情人和服相同的紫色绉绸花样振袖，但不幸于明历元年一月十六日香消玉殒，时年十七，振袖被收藏在本乡丸山的本妙寺。本乡元町的趣屋吉兵卫的女儿阿花，经由二手衣店得手这件振袖之后也病死，振袖又跟着棺木于来年明历二年一月十六日一同被收藏至本妙寺。后来又有一位麻布的当铺主人伊势屋五兵卫的女儿阿立，同样经由二手衣店取得这件振袖后随即病死，

【1】一九八九年，TOTO出版社出版。

振袖又于明历三年一月十六日，与棺木一同再度被收藏至本妙寺。本妙寺即于两天后的十八日烧毁这件不可思议的振袖，却因为燃烧的振袖飞起引燃了寺庙本堂，进而延烧成大火，据说振袖火灾之名即由此而来。”

回到正题，奈良茶饭的起源地为东大寺与兴福寺，根据本山荻舟的《饮食事典》[2]中所述：

首先煎煮良茶后将初煎与再煎分别取出，留下初煎的浓茶，取再煎的淡茶加入少许盐后，用此淡茶以一般方式炊米成饭，并在煮熟后放置片刻。炊煮完成后以初煎浓茶浸泡食用，此即为正式的茶饭。加入炒黄豆、炒黑豆、赤小豆、栗干等豆类的称为豆茶饭或栗茶饭。《料理献立早仕组 》[3]中所述之“盐味并不味美，以酱油与酒调味才可口”实为后世手法，江户以来的茶饭其实已转变为酱油饭并非茶饭，也是受此影响。另外贩卖茶饭的所谓的茶饭屋，固定的茶饭形式则是搭配勾芡豆腐，这是古来在京都大阪比较少有，反而是在江户比较多的做法。位于发祥之地奈良的猿泽池畔的柳屋，想当然地称其为“知名料理奈良茶饭”，以风雅的设备来传承古风味。

人来人往的江户，饮食业也随着人们的需求而演变以各种形式发展。老市区里经济不充裕的人们，不

【2】一九五八年，平凡社出版。

【3】意为省时佳肴食谱。

时于便宜的摊贩或盛装好直接贩卖的荞麦面店等处果腹，相对地，在参拜神社、前往闹区看热闹等特别的日子，就会大手笔一点在餐厅用餐。《守贞谩稿》中的“茶渍屋”项目中有以下叙述：

根据元禄六年版本的《西鹤置土产》中记载：近来金龙山的茶屋开始提供一人份五分钱的奈良茶渍。使用的容器也很漂亮，对于庶民阶级的人来说十分方便，这种取向的东西在上层阶级反而找不太到。金龙山为现今的待乳山，一人份五分为五分银之意。……根据《事迹合考》记载，明历大火后，浅草金龙山前的茶屋开始提供组合茶饭、豆腐汤、炖菜、煮豆类等料理的套餐，命名其为奈良茶，多数民众感到稀奇，相招从江户城的各地前来，欲一尝奈良茶的美味。之后各式各样的美味餐厅接连出现，圣天山下的奈良茶才渐渐式微。

明历大火发生于一六七五年，因此奈良茶屋应起源于一六七五年之后。元禄年号为一六八八年至一七〇四年，由此可知西鹤所绘的图中景色，应为明历大火后三十年左右。另外，《事迹合考》（一七四六年〔延享三年〕）中并无关于金龙山奈良茶饭的记载，而山东京传的《近世奇迹考》（一八〇四年〔文化元年〕）中则有几乎相同的叙述。守贞撰写时应是取自此。

根据山东京山所著的《蜘蛛丝卷》的“料理茶屋”项目中的记载，当时的休闲类书籍中提到一百五十～一百六十年前江户并

深川八幡宫的料理茶屋——二轩茶屋（出自《江户名所图会》）。

没有贩卖饭食的店，天和年间第一家奈良茶饭店在浅草并木町开幕时，感到新奇的人们甚至还呼朋引伴特地前往尝鲜。

天和年间为一六八一年到一六八四年，据说京山生于一七六九年（明和六年），可推测当时所谓的“浅草奈良茶饭”已消失，普及成为一般的饮食。

此奈良茶饭屋，即为提供内含饭、汤与菜等套餐餐厅的起源。引用部分提到的浅草金龙山，也就是待乳山的欢喜天，以祭祀白萝卜闻名，寺内处处可见白萝卜的雕饰。

现在虽然已经无法从那里望见隅田川，但江户时代时视野辽阔，可以想见其眺望之壮观。在金龙山寺内闭上眼睛，想象着边观赏大川（隅田川）边享受奈良茶屋美食的人们，就会觉得仿佛可听见江户的繁华喧闹。

这个奈良茶饭屋广受好评，《守贞谩稿》中接着提到："现在在江户各地出现无可计数的茶泡饭店，名称各异，价位也从一人份三十六文到四十八文，甚至有七十二文不等。"观赏河崎（现神奈川县川崎市）万年屋因奈良茶饭而人气鼎盛的画作（请参照八一页），就可以想象当时的盛况。

终于，在路边贩卖餐饮等立食形式的小贩，以及有店面但提供套餐料理，而非例如"荞麦面""寿司"或"烤鳗鱼"等单品料理的餐饮店开始在主要的繁华街道上出现。然后到了江户后期，一膳饭屋[4]等料理店发展为"料理茶屋"。其实还有一个促使日本料理发展的场所，那就是游廓（风化场所）的外送料理屋，但这部分本书并不加以说明。

回到正题，设有座位的料理茶屋特别适合作为担任江户留守居的武士们谈论政治的场所。一开始武士们以接待为名出入官邸，但慢慢地需要在外面会面的需求增加，除此之外，依赖经济能力而得势的商人们进行各种交涉时，料理茶屋也是非常适合的场所，也因此得以发展。

当时的社会虽然仍会因天灾、饥荒、流行疾病或火灾等动荡不安，但没有战争这一点，就是让人们最可以安心过日子的要素。在这样的环境下，被称为近江商人或伊势商人的势力开始在江户等地拓展开来，物资往来繁盛，工商阶层的生活也更加富裕。

【4】意指提供单人份米饭料理之餐厅。

另外，工商阶层作为教养的嗜好娱乐也让文化繁盛，富裕层中诞生了所谓文人墨客的阶层，这些人同样也会前往料理茶屋，并将其经验记录下来，例如山东京山的《蜘蛛丝卷》及《宽天见闻记》等。让我们来看看这些作品中关于料理茶屋的描写。

□■江户名流豪门必去的料理茶屋——升屋

根据《蜘蛛丝卷》记载，明和年间（一七六四～一七七二）在深川洲崎地区出现了一家料理茶屋，名为升屋祝阿弥。店主模仿当时位于京都丸山，原为寺庙分院的“左阿弥”等著名料亭，刻意剃发，并在店名也加入“阿弥”。夫妇俩相当有经营头脑，关于升屋的内装据说是“两个房间地板的榻榻米采高丽花纹，设有长押（连接柱子间的木条），将厨房入口设于外侧，座席设于第二与第三房间”。庭院中还设有小凉亭、茶屋与鞠场，无比豪华。

出入这类场所的人，就算是在大名之中，也都是一些被认为是熟门道的内行人。由于升屋的名声愈加响亮，各藩主的留守居在招待贵宾的时候，都会选择这里。生意如此繁盛的升屋，不幸地在一七九一年（宽政三年）九月四日被海啸吞没而全毁。

从下列升屋的料理中，可窥见江户中期到后期上流社会的料理世界：

一七八二年（天明二年）一月菜色——

吸物　鲷鱼片、鱼尾、畑菜、九眼独活

砚盖[5]　榧果、干栗、马尾藻、醋味海苔卷、山草薢、鲑鱼寿司、龙虾、姜

小菜　白萝卜泥、海参肠、醋渍鱼、酱拌鳀鱼干、酸浆果

吸物　盐味鮟鱇、昆布芯、黑慈姑、紫萁

御膳部

腌渍菜　鳕鱼卵、毛蚶、昆布、芥末

汁　米鱼丸、芜菁、山形田芋

饭

小杯酒　煎酒

炖煮菜　煎鸭肉、蒟蒻、菜

烧烤菜　焙烙烧、甘鲷、蜂斗菜

热水

甜品　更纱羊羹、蕨菜芽

吸物　淡味噌、竹蛏、石耳、芥末

肴[6]　腌香鱼、海胆盖饭、盐味鲟鱼、茄子、辣椒

肴　胡椒味噌、鲨鱼、珠螺、针鱼、葱末

钵[7]　大鲫、嫩白萝卜、山椒

【5】装在砚盖里的下酒小菜。

【6】意指下酒菜。

【7】装在有盖小碗内的料理。

茶碗	千代麸（类似面筋）、琉球芋（地瓜）
肴	芝麻拌独活、白芝麻拌菜
一	味噌腌菜、甘露子
山川酒	
一	盐鲷、若鲹、川竹、花鲣
一	青醋、象拔蚌、防风、羊栖菜、栗子
一	蛤蜊、小芋头、陈皮
吸物	鲷鱼骨、鲷鱼眼、蘘荷茎
肴	竹笋、白鱼、鲱
吸物	红味噌、石斑鱼、醋腌白萝卜、葱
夜永（推测应为消夜）	
坪[8]	今出川（应今出川豆腐）、佐味噌
茶碗	小松菜、饭
椀盛[9]	小银绿鳍鱼、海带芽
腌渍料理	
热水	
菓子	
干肴	小鲽鱼干、长芋料理、青海苔、慈姑、昆布、豆腐皮、海苔

（摘自石井治兵卫，《日本料理法大全》）

【8】亦作『壶』，装于壶型容器，附于本膳的炖煮小菜。

【9】内含鱼、鸡、蔬菜等料多的汤品。

如此冗长无比的菜色，着实令人好奇全套吃完需要多少时间。汤品较多是因为要配酒。两年后的记录如下：

一七八三年（天明三年）弥生四日深川洲崎升屋望汰栏（大名松平宗衍为升屋取的别名）的宴会菜色——

吸物	辣椒味噌、鲭鱼、腌白萝卜、葱
小菜	涮鲣鱼片（沾煮梅酒）、葛粉佐酱油与酒、山葵
腌渍料理	
肴	鲷小付／莲根、醋拌花椒叶
肴	（いはる）（iharu）、白鱼蛋寿司、豆腐皮、石耳、三叶、盐味青背鱼寿司、春蓼
吸物	淡味噌、烤馒头（外为面皮内包馅的日式甜点）、问荆
膳	汤品、山葵
（不明）	烤全鲷、菜笋、麸
烧烤料理	竹筴鱼、鱼板、烤马肉
肴	鲍螺、糯鳗鱼板、竹蛏、华箬竹叶拌山椒白味噌、毛蚶、文蛤

（摘自大田南亩，《一话一言》卷三九）

餐点品目之多委实惊人。天明三年时值大饥荒，从菜色可看出跟两年前相比的确缩减不少，但以当时社会正值大饥荒的惨况，这样的菜色还是着实令人惊讶。

□■江户老饕的私房餐厅口袋名单

当时文人利用料理茶屋的情形，可从四方山人（大田蜀山人，即为大田南亩）的通俗绘本小说《料理献立[10]头天天口有》（一七八四年〔天明四年〕）一窥究竟。该书将升屋与樽屋[11]列为江户两大料理茶屋。

樽屋位于从一七七一～一七七五年（明和八年～安永四年）填海完成的新地（隅田川与箱崎川的分歧点），此沙洲聚集了茶屋、马戏团等，俨然成为繁华的游乐地区，但最后于一七八九年（宽政元年）被拆除。这本书详细记载了当时料理茶屋的样子，对于有名的饮食等信息也有所描述，非常有趣。

天明年间之后，受行家们欢迎的料亭，例如葛西太郎（之后的平岩、向岛）、大黑屋孙四郎（须崎）、甲子屋（真崎）、二轩茶屋（深川）、平清（深川土桥）、百川（浮世小路）、万八楼（柳桥）、金波楼（浅草今户町）、八百善（新鸟越）等，许多都设于隅田川沿岸方便眺望景色的地点。升屋被冲毁后承继其首席高级餐厅宝座的，毋庸置疑的就是八百善。

【10】献立即为菜色之意。

【11】因其主厨为樽屋三郎兵卫，通称樽三ぶ，而得其名。

2 独霸江户的首席高级餐厅——“八百善”

□■从蔬果店摇身一变成为江户第一料亭

八百善目前仍持续营业，但一开始其实是蔬果店，第四代店主善四郎将其转型为料理屋后一举成名（详情于后述）。善四郎相当有头脑，在经营方面下的努力也十分显著。文政年间（一八一八～一八三〇），当时的著名文人蜀山人赞扬道：

诗为五山、演员为杜若、名妓为佳乃、艺者为阿胜、料理为八百善

可见其当时为江户第一料亭的地位，生意十分兴隆。

如此有名的八百善有一个广为人知的小故事，出自《宽天见闻记》（著者不明）。当时的八百善是什么样的茶屋呢？

享和年间（一八〇一～一八〇四），浅草三谷桥对面，有一间著名的料理茶屋名为八百善，文化年间（一八〇四～一八一八）开始出名的料理屋有位于深川土桥之平清、大音寺前之田川屋等。

> 据说，某人与友人饮酒作乐，吃腻美食后便召朋引伴前往八百善，欲品尝以极品煎茶与腌菜制成的茶泡饭。到了八百善点了茶泡饭后，等了将近半天，切成碎状淋上酱油的腌菜料理与一壶装于土瓶的煎茶才上桌。腌菜料理是以春季稀有的瓜类与茄子切碎以酒粕腌成，因此询问要价多少，店主回答一两二分，客人无不惊讶万分，表示再如何稀少珍贵，此价位也未免太高，店主答道一土瓶虽装不到半斤水，但由于附近没有适合极品茶的水，因此不惜让客人等待，特地请飞脚前往玉川汲水，运费过高价格才会如此高昂。

由此可见此时，八百善已被认为是高级料理屋。临时兴起前往八百善吃茶泡饭的客人，是什么阶层的人呢？吃腻了各式美食

料理茶屋八百善（出自《江户流行料理通》）。

后想以茶泡饭来换口味，应是相当内行的玩家吧。原本推测客人选择茶泡饭，是不是因为其为八百善料理中较便宜的餐点，但似乎并非如此。以下为上段引用部分的下文，与第二章重复——

此时流行煎茶，邀请客人来饮煎茶数瓶。客人饮用后，回答茶名与水的来源。品评其为玉川水、隅田川水或何处之井水，茶点以船桥屋织江为最等，众人骄奢，八百善的传说亦如此，若只是腌菜与茶泡饭，可想见自宅应也有，不应奢侈地前往料理屋品尝茶泡饭等料理，切勿虚掷无谓金钱。

最近日本也有所谓的名水热潮，江户时代对于水的讲究，则是在于与茶的搭配。

不过话说回来，八百善的茶泡饭到底如何美味，着实令人好奇。非当季蔬菜制成的腌菜的确是相当珍贵，现代食材不分产季，价值也就没有太大差别，但在江户时代，非当季的食材无疑需要付出偌大的努力才能到手，这也可说是一种高明的商业手法，善加利用客人品尝到高贵食材时，会产生高度优越感的人类心理。

不只在料理方面，八百善在其他部分也以巧妙的经营手腕来让生意兴隆，这部分会在后面提到。接下来先介绍些许关于使用在茶泡饭上的水。

□■坚持使用名物制作的揽客手法

八百善之所以要特地请人前往玉川汲水来泡制茶泡饭用的茶，是因为江户的水不是涌泉水，也不是挖掘出的地下水，而是来自供水系统的水。

家康清楚江户可说是面对江户湾的荒野，缺乏饮用水，于是命令家臣大久保藤五郎，进行上水（自来水）道工程。据说藤五郎因此建造了小石川上水水道（之后的神田上水）（《校注天正日记》）。

但这位藤五郎据说也很擅长制作甜点，对于水质也有很详尽的了解。藤五郎因造自来水有功而被赐予“主水”之名，并且在上水道开设后，成为幕府御用的甜点师傅，被称为大久保主水。他家门前的井被称为“主水之井”，以水质优良闻名。甜点的制作与水质优劣的确有颇深的关系，因此据说他对水也有非常独特的坚持。

家康为开发江户而建造运河，又填湿地又盖桥，积极推动土木工程。名字还留存于现在地下铁站名“溜池山王”当中的“溜池”，当时是自然积水而成的池，供应到江户西南部的自来水就是汲自这里，这个水池在明治末年被填平。

江户城位于可眺望日比谷入海口的位置，削崛神田山来填前方的海。回头想想其实现在江户湾也都还在积极地进行填海工程。

随着江户发展，水的需求也持续增加，唯一的自来水道无法因应需求，因此在一六五四年（承应三年）再以多摩川为水源建造自来水道，这就是两大自来水道之一的玉川上水，从羽村延续到四谷大木户，长约四十三公里。之后连续于一六五九年（万治二年）、一六六〇年（万治三年）、一六六四年（宽文四年）、一六九六年（元禄九年），分别建造了龟有上水、青山上水、三田上水与千川上水，但之后除了神田上水与玉川上水之外，其他的上水都被停用了。从描绘玉川上水的图画可以发现，上水道从内藤新宿开始布满暗渠，令人赞叹建设技术之高。水以木樋（木制水管）传送，还设有检查水量与水质，名为“溜”的量水设备。

在深川这样临海的低地地区，挖井也只能挖出盐水，因此民众皆苦于无生活用水，饮用水都从必须跟水屋（卖水人）购买。江户的自来水里面，没有被使用到的水，也就是多余的水会透过吴服桥门内的钱瓶桥以及一石桥的左右侧，还有龙闲桥下方等的吐水口流进河里。将这些水用船搬运至没有自来水的低地地区，以担计价来到处贩卖的人称为“卖水人”。搬运水的船称为“水舟”。

在位于御茶水的“东京都水道历史馆”中有展示江户时期水道的资料。从当时木制的水管或量水设备，可感受到江户人的辛苦。时代剧中常会出现排屋居民在汲水时闲话家常的场面，想到他们汲的水不是挖掘出来的井水而是自来水，就忍不住再次感叹人们智慧之深奥。

日本山明水秀，令人感觉水似乎很容易取得，但江户这个天下的中心地点，却受限于其地形因素，要取得可用的水需要非常庞大的劳力。但观赏《江户名所图会》中描绘目白下大洗堰的图时，即可看出其丰富水量，可谓滔滔不绝。就是这丰富的水量供应了江户的自来水。

回到八百屋的故事，特地前往水源玉川取水而不使用流过木水管的水，这表示自来水水质可能有些令人感到疑问。互争奢华感的料理茶屋，借着使用各地的名产或当季新采收的食材等珍奇美味来增添高级感，向客人索取高额费用。而这又会更加刺激经济力强的人的虚荣心，进而吸引更多的客人。这样的做法，唯有在太平盛世才有可能实现。

前述的天保改革法令中提到“近来民众对于当季新采收食材的喜好与日俱增，料理茶屋遂竞相采买新采收食材，调理成高价料理，此情形甚不合理”。接着也举小黄瓜、茄子、四季豆、豇豆等例来说明此种情况。

料理屋竞相购买当季新采食材，因而造成农家等特地花工夫花钱生产当季新食材来贩卖。此法令的目的就是改善这种料理屋与贩卖当季新采食材业者的不正常关系。

这时期民众喜好是否已变得奢侈，可从《宽天见闻记》当中的叙述来一窥究竟：

【12】将酒倒入酒杯的壶。

忆余少年时，酒器仅于铁铫子[12]与漆器酒杯，曾几何时变成青花瓷铫子与陶器小杯，自称不用土器无法饮酒，还将水倒入大碗作为洗杯之用，望着碗内数多酒杯浮浮沉沉之情景沉醉。荞麦面店的容器也从盘变为大碗，被认为是荞麦面屋特征的粗筷，也变成了细杉筷。天妇罗荞麦与霰荞麦面等外带食物近年来越发奢华，无论何种食物，众人仅为赏心悦目而一掷千金。食物也只朝无意义的方向精致化，不再品尝其原本的味道，惹人讪笑。耳也不闻正道而好戏言。

□■渐趋白热化的高级料理屋战争

前段文字“食物也只朝无意义的方向精致化”等描述与现代社会的情形相同，着实令人感到惊奇。

关于这样的料理茶屋，根据《明和志》记述：“宽政年间开始主要流行名店有金波、二藤、田川屋、锅金、八百善、平清、樱井、夷庵一名松元屋等，皆为高级料理屋，要价不菲了无上限。”描述从安永年间（一七七二～一七八一）、天明年间（一七八一～一七八九）开始盛行贩卖当季新采食材，也有作为送礼之用。渐渐地江户消费都市的样貌愈加根深蒂固，宛如各家店铺的商业头脑竞争战。根据《宽天见闻记》所述：

名为岚音八的演员家贩卖鹿子饼，店面摆设了高四尺的和尚人偶，穿着无袖外套，手上拿着放在茶托上，用竹皮包着的饼站在店门口。人偶设有发条机关，有客人来买饼时就会自己向前把饼交给客人。

烟草河岸（新材木町的河岸）的名产有长谷川町的梅枝田麸[13]、源氏茶泡饭、人形町的坐禅豆、新和泉町有虎屋的红豆饼、仕切场饼、扇屋的煎饼、壶屋的淡雪豆腐，皆为老店。人形町两侧夜市的饮食摊贩一间接一间。天保十二年十月六日夜晚，堺町的起火，延烧至葺屋町附近。

过去没有烤地瓜，宽政年间开始有蒸地瓜来卖的商人。之后在神田弁庆桥东边有一座名为甚兵卫桥的小桥，现已成土桥。此桥边即是开始贩卖被称为烤地瓜的料理的起源地。又，夏天每到黄昏街上都会出现打着“麦汤”提灯的人，沿着道路摆放着可供客人纳凉的座椅，贩卖着麦茶。此种情景是近来之事，过去并无。过去日本桥通、本町通、堺町附近，不论大道小巷，多狭小的空地都盖满了住宅，皆无可设置庭院的空间。

综上所述，可知当时江户已成为人们不论身份，只要有钱就可以满足一定需求的城市。

特别是商人，以阶级而言虽属最低，但其实也有能力可过大名以上的生活。相反地，次于武士阶级的农民，一样是靠种米为生，即使辛勤耕种也会因为田租的征收

【13】由鱿鱼丝、柴鱼与腌梅子加入山椒粉以酱油与酒炖煮而成。

等因素，日常生活过得并不轻松。不过透过互助会等组织，到了江户后期农民阶级也可以享受去参拜伊势神宫等乐趣。

□■江户的料理屋就有办外烩的服务？

接下来再回到八百善的部分。

八百善的祖先在江户时期的元龟、天正年间（一五七〇～一五九二）据说是住在神田的福田町，明历大火之后，搬到新乌越二丁目（山谷町），开了一家蔬果店。客户都是周围的许多寺庙。

滨田义一郎的论文《“料理通”的书画——推动八百善兴隆的人们》[14]中，提到“到了第四代善四郎的那一代，在提供寺庙法事用料理时，都会准备从餐碗等食器，到炭炉等厨房器具等全套器具，完全不麻烦到客人，此种手法深受客人喜爱，因此不止寺庙，也很受大户人家的欢迎”。

此种形式很像现代的外烩派对，如此崭新的创意广受好评，推动八百善日后发展成料理茶屋。

《闲谈数刻》（一八七六年）为记述四位奇人的奇人传，其中一章叙述到八百善，内容主要是八百善繁盛的逸事。《饮食史林》创刊号所收录的杉村英治的论文《八百善——〈闲谈数刻〉抄》当中记载道：

【14】收录在《饮食史林》创刊号，一九七九年出版。

八百屋善四郎名福田屋，居住于新乌越二丁目，喜好俳谐，会拉三味线。其料理屋之名声震天下，无人能出其右。远方大户人家每日便当订单源源不绝，外送也送到江户八百八町之外，用于外送之御膳笼（用于外送的器具）多至无处可放。人们皆云何止于江户第一，甚可谓日本第一。无鱼之时，为提供大户人家外送而前往日本桥找寻，完全寻无鱼货，苦恼该如何是好而前往鱼贩尾张屋善三郎之处，向主人说明后，主人表示不需担心，拿出比需要量多的预存鱼货，见善四郎困惑，善三郎表现出理所当然之貌慷慨地将鱼货交与善四郎。尔后献给大户人家的料理深获好评，大大受到赞扬，心想当初若无善三郎的鲷鱼，也无法向大户人家献上料理，为对善三郎心意表示感激，除鱼货费用之外更赠其大量蒸笼（内含甜点等的祝贺之物），以表感谢之意。

由此可知八百善之类的料理屋以提供武士宅邸或寺庙外送料理的方法开始生意，经济能力稳定之后便于自己店面设座位，提供留守居的武士们欢聚的场所。

然后，其料理的评价也会出现在文人的书籍内容当中，而让更多人知道。江户时代的饮食信息不外乎口耳相传，就算是例如糖果店，只要在城里获得好评，就会被写进戏剧脚本，又再成为一种广告宣传，让生意更兴隆。八百善对于自身的巧妙宣传手法，使其留名后世，成为繁盛至今的基础。

□■热门美食名店的料理书

其宣传手法除了礼券及八百屋的纸模型，甚至还有更划时代的创举，那就是料理茶屋店主自己出版料理书籍，此书籍当时甚至成为回归属地的诸侯以及商人们的伴手礼。

八百善的料理书书名为《江户流行料理通》（初版一八二二年〔文政五年〕）。共四册，初版时大小为长十八点二公分，宽十三公分左右，封面为浅黄色，总张数为四十二张。其复刻版由临川书店出版[15]。

内容包括本膳料理与会席料理，以及江户卓袱料理[16]的菜色与主要料理的做法。封面、封底的图画及序文，是江户后期儒者，号鹏斋老人的亀田鹏斋（一七五二～一八二六）所题。蜀山人也在序文中撰写了汉文。在本书中出现多次的蜀山人名为大田南亩（一七四九～一八三二），为剧作家，其他笔名还有四方赤良、山手马鹿人等，为狂歌三大宗之一。其序的内容如下：

江户城何其大，人何其多，过去被称为八百町，现已有二千町以上。江户市中之饮食店，五步一楼、十步一阁。……位于日本堤之北之八百善，可为江户第一名店。贵人

【15】收录于《再版江户时代料理本集成》第十卷。

【16】日本式的中国宴会料理，餐桌为圆桌，采各人自行取用共同食器中料理的形式。

富人好割烹料理[17]，使各店竞出珍奇料理，良辰美景之时前往八百善，必能得心旷神怡之享受。因此人们皆欲一窥八百善之菜色但无法如愿。今年，八百善公布将出版一书，从古至今无人不饮食，但知晓真正美味的人却是少之又少。

此书亦还有另一位号为诗佛老人的大洼诗佛（一七六七～一八三七）提序。

接下来看看《料理通》一书的内容——

初篇从本膳的菜色开始，起头是“本膳生鱼片之部”，介绍春夏秋冬的生鱼片组合。例如：

本膳生鱼片之部——

春：装饰菜金桔	朝日鲻、鳀鱼丝、红萝卜与白萝卜丝、海部海苔、栗子丝拌姜丝
夏：装饰菜防风	竹筴鱼生鱼片、白海蜇皮、大野芋丝、石耳、栗子丝
秋：装饰菜防风叶	生鲷鱼皮、余莳黄瓜丝、切成同样大小的水云、栗子丝
冬：装饰菜	朝日比目鱼、花枝丝、石耳卷、九眼独活丝、青海苔、栗子丝拌姜丝

【17】江户料理中属于上层阶级的料理。

如上，依四季各有四种，之后的生精进料理也是一样，拌生食材料理的醋共有十六种，虽然没有记载分量，但内容简单易懂。

生鱼片之后有汁、坪、腌菜、平[18]、猪口、茶碗[19]、台引[20]、吸物、砚盖、鱼板、鱼面线、小盘下酒菜、焙烙烧。

料理样式有会席、江户卓袱料理，之后是极密传之部、与料理注意事项之部，和一般料理书不同，对象为一般人而非料理专家。而且，内容不止料理的菜色或做法，还包含了提供给读者的知识，例如最后的“日本料理做法之发祥”等部分。引用如下：

日本料理做法之发祥 ……四条中纳言藤原朝臣山荫卿为日本料理与菜刀之始祖。无论何种喜庆之事皆以鲤鱼为第一，其原因为鲤鱼为成飞龙之子，高贵之祭典非鲤鱼莫属。鲤鱼不论大小，由于中心有三十六块鳞片，因此山荫倾创始了三十六种“鲤鱼之料理切法”。世人尊其厨艺，称其做法为“四条流”。

之后的第二篇也与初篇相同，内容包括了葛饰北斋、酒井抱一、谷文晁、溪斋英泉、蜀山人、诗佛老人等人的文章与插画。

第三篇为精进料理的菜色与做法，第四篇则有普茶（中式精进料理）卓袱料理集大成之感。

【18】料理内容同『坪』，但附于第二膳。

【19】装于碗状容器的料理。

【20】给客人当伴手礼的甜点类，如鱼板、羊羹等。

八百善店主为学习料理精髓，跑遍京都南禅寺、东福寺、宇治的黄檗山、大阪的瑞龙寺、一心寺等，最远至九州岛长崎，相信他对第四篇应该投注了特别大的心力。第四篇是在初篇出版后十三年的一八三五年（天保六年）才出版上市。

至于书中的料理，有多少人读过甚至实际制作过，可以想象仍是以属于上流阶层的武士或富裕商人为主，局限于会利用料理茶屋的人。不过，这本充满了完全没吃过的珍奇料理名称及做法，还搭配了插画的书，应该还是给得手的人带来了相当的乐趣。

针对受庶民所爱的速食——天妇罗，根据初篇记载，是为榧果之油炸料理，有鲷鱼裹面衣、山芥末、四季豆、新莲藕与地瓜。其定位并非天妇罗而是“油炸料理”，但其实也是使用榧果油的油炸料理。另外第四篇的卓子料理（即卓袱料理）部分中也有名为“荷兰风鲈鱼薄皮烧”的料理。其做法是将白肉鱼生鱼片串好，边烤边淋上调味好的蛋汁。虽应非油炸料理，但成串也有面衣的地方很相似。另外卓子小菜之部也有牡蛎天妇罗、炸葛粉裹海参串、炸菊叶天门冬等。

不过，笔者仍然觉得庶民的现炸天妇罗应该比较美味，但不知道实际上如何。

□■《守贞谩稿》笔中的江户料理茶屋

《守贞谩稿》作者喜田川守贞生于文化七年六月，三十岁前住在大阪，之后移居至江户，在关于料理茶屋的记述当中，提到自身年龄为四十四岁。文化七年为一八〇年，所以四十四年后是一八五四年，即为安政元年。

守贞在料理茶屋的记述中，提到料理茶屋即为割烹店，并特别强调在京都与大阪没有被称作割烹店。同时对于“料理”，也定义本为计划处理万事，现在才演变为单指饮食。不过其实过了一百五十年以上的今天，“料理”一词也不是只用于饮食，“计划处理万事”这个定义也可说还是存在。

甚至，守贞还提到最近不论是在京都、大阪或是在江户，所谓的“士民”，也就是武士与庶民都视奢侈为好事，特别是大众对于饮食，其阶级差别不如衣物严格，但京阪与江户情形仍为不同，并提到京阪与江户在饮食上的比较。

也就是说，京阪以诸白酒与酱油的咸味来调整出淡口味，重视素材本身的味道；而江户则是用味醂、砂糖与酱油调味，味道偏甜也能引出美味，但有损素材本身的味道。这个观点在现代也一样适用。然后当时守贞自己在江户也生活了将近十五年，他认为江户料理更上一层。对于京都大阪发展“未成熟”的原因，他表示因为过于繁杂所以省略不予描述，只以鲷鱼的处理方法与出餐方式为例说明。

京都大阪的鲷鱼是整只盐烤，江户在文政年间（一八〇四～一八三〇）以后会切成三片，长为两吋宽为一吋再以盐烤。整只盐烤的话用筷子去夹的时候就会破坏鲷鱼的形状，江户人不喜欢这种做法。

另外，京都大阪的料理茶屋提供餐点时量都会超过客人人数的分量，以此方式来多收取费用。相反地江户则是会席风格，料理分量配合客人人数，尽量不造成过多或不足。首先是味噌汤，接下来是口取肴（小量酒菜）、二物（甜味煮料理与烤鱼片两道一起上之意）、生鱼片，然后是汤或茶碗蒸。以前是酒菜、一汤一菜的饭食或一汤二菜的饭食。然后用餐前后都会提供上等的煎茶与小甜点，客人在浴室梳洗之后，再将多余的菜肴包在竹皮内给客人带回去。到了夜间会提供客人用完即丢的提灯。

然后针对江户知名的料理茶屋，介绍如下：

山谷的八百善为第一，次为深川八幡前的平清。之下为浅草大音寺前的田川屋（驻春亭）、向岛的大七、今户的大七、桥场的川口、真崎的甲子屋、小梅小仓庵。以及柳桥的梅川、万八、龟清。中村屋店面宽敞但餐点并不精致。

不久后倒店的料理茶屋有桥场的柳屋与向岛的武藏屋。至于料理，从天保初年开始流行会席料理，转变为茶客调食（为来喝茶的客人准备的饮食）的风格。同时从“调理精细之竞争愈加激烈”的叙述，也可看出当时料理茶屋的料理竞争正值高峰。

如上所述，日本料理的特征——切与煮的调理操作方法，然后加上活用食材的方法，以及配合餐具的料理功夫，装盘的美学就此成立。除此之外，也渐渐出现配合料理来制作餐具的情形。

锁国时代已经有一些极少数的南蛮料理或中国料理的知识传进江户，但当时江户料理人研究的是如何料理日本的饮食资源。根据《守贞谩稿》，其部分形式如下：

> 近年会席茶屋在餐点前的煎茶会附上蒸甜点，此蒸甜点也只提供人数之分量，连一份都不会多。口取肴也仅三种，盛于织部烧等器具，同样数量有限并无多余。第一道为味噌汤，而后为口取肴、分装于两容器的甜煮料理与烧烤料理的二物、一人一碗的茶碗蒸、生鱼片，以上为酒菜。膳食为一汤一菜及腌菜。

八百善、平清、河长等料理茶屋在上后半段的茶时，也会提供点心，其他店的饭后茶就不会附点心。至于价差多少，八百善、平清、河长一人份为大约十匁银[21]，而其他店据说是六到八匁银。

□■翻开江户版的星级评等指南

人们在日常生活中需要各类信息，是大约从江户时代后期的化政期间（一八〇四～一八三〇）开始，购物介绍或各种排名很受欢迎。

嘉永年间（一八四八～一八五四）的料理茶屋排行榜[22]中，行司（大相扑审判）为山谷八百善，

【21】一匁银约合现代的一千一百日元。

【22】原文为『番付表』，意指大相扑出场选手名单。

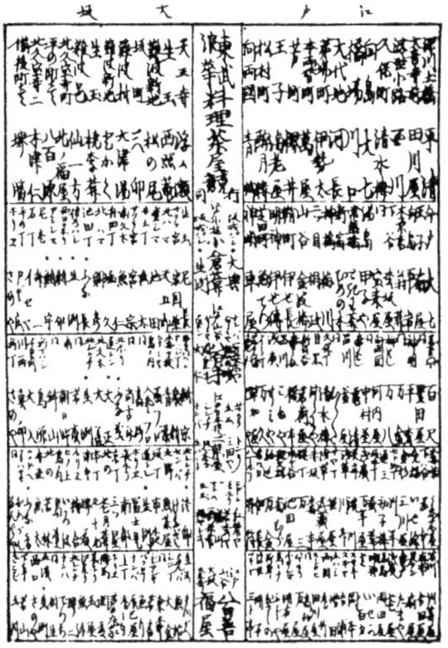

嘉永年间的料理茶屋番付表（出自《守贞谩稿》）。

是采“江户与大阪”相比较的形式，江户的第一段[23]有十三家，第二段有十五家，第三段与第四段皆为十九家，最下段有二十家。然后第一段有标记所在地，分别为平清、田川屋、清水楼、大七、川口、河长、青柳与醉月楼等。但喜田川守贞也说明道：“尽管上层大略上为有名大户，多数店家并无明显顺序”，表示遗漏的店家也不少，指出这个排行榜的不足之处。

如前所述，料理茶屋在明历大火之前在江户并不存在，重建工事的工匠等人从近郊流入江户之时奈良茶屋诞生，而奈良茶屋应该就是料理茶屋的起源。

享保年间（一七一六～一七三六），江户成长为拥有大量人口的都市，工商阶级民众五十三万再加上武家与寺庙神社相关人员，约有一百万人或甚至可能更多的人口。料理茶屋的发展，也是支持这些人口饮食需求的其中一项要素。

然后渐渐地庶民阶级也终于有了些许经济上的空间，开始会花时间在参与神社佛寺的祭典、各个季节的赏花

【23】在相扑中以『段』表示相扑力士阶级。

或赏月等娱乐活动。到了江户后期，甚至还有其他地区的居民前来江户观光，加上来工作的人，江户人口更加庞大，外食餐饮店的生意越显兴隆。

武士们也开始利用料理茶屋作为江户留守居的集会场所，配合奢华的房间、庭园等设备，料理的内容也更加精致。一旦成名之后，美食通们也就是有钱的商人们就会前来光顾，料理茶屋的服务等也就会更加进步。在这些为数众多的料理茶屋中，八百善利用特殊的创意营销手法，靠一己之力缔造了不坠的名声。

这些料理茶屋的一部分后来转变为高级料亭并延续到后世，其接待形式的料理促使了料理样式的形成。本膳料理、会席料理、中国样式的普茶料理、卓袱料理，以及从茶道发展出来的怀石料理，日本料理的样式因应各式需求，集大成发展完成也是在江户时期，针对这些料理形式，将于下一章介绍。

六

江户人一手催生的究极日本料理

1 好看却不一定好吃的本膳料理

□■日本料理三大流派

日本料理一般认为于江户时代集大成。到底何谓日本料理呢？说到日本料理，大多数的日本人应该都会想到寿司、寿喜烧、天妇罗、关东煮、烤鸡串等，或是怀石料理、会席料理吧。

前者虽为外食，不过给人较偏向庶民的感觉，而且是单独一道料理。相对而言，后者的会席料理等是宴会的套餐料理，必须有例如座席等特定的空间。本章将为大家介绍这类特定团体遵循特定系统的饮食形式。

在外食店出现前，大名上流阶层的臣下都有所谓的料理人，负责平时伙食，以及在宅邸内提供访客餐点。在庶民阶层中，会以在这些料理人里面担任领班角色的人为中心，来负责提供接待料理的事务。自然而然，厨艺高超的人就会被看重，在重要时刻大展身手。农业社会也是一样，在以领主为中心举办活动时，也是由厨艺精湛的人负责提供料理。

因此，外食店带来料理的发展这一点虽是毋庸置疑，但其基础是建立在这些于上下阶层活跃之料理人的智慧之上的。另外不能忽视的还有寺院的料理，寺院料理受到来自中国等地的很大影响，发展出符合日本风土的“精进料理”。

至于料理的样式，大概分为三个流派来发展——

第一项为属于上流社会的贵族与大名的饮食样式，根据从奈良时代开始的传统，承接镰仓时代正式料理的流派，然后转变为本膳料理。这个本膳料理传承至今，为仪式或喜庆之时的日本料理形式。

第二项则是以茶道为中心发展的怀石料理与属于酒宴料理的会席料理。

第三项就是精进料理与普茶料理。

此三项之外，还有受到外国影响而确立的卓袱料理与南蛮料理。接下来就为大家照顺序介绍这些料理。

□■中看却不中吃的大飨料理

本膳料理前的料理样式称为“大飨料理”，部分为奈良时代引进中国（唐朝）饮食样式而成，属于王朝贵族的仪式料理，从《类聚杂要抄》（一一四六年〔久安二年〕左右）的记录，可看出当时新年宴会的情形：

内大臣藤原忠通家的宴会形式即为“大臣大飨”。其菜色有唐菓子四种、木菓子四种、干物四种、生食四种、贝类四种、洼坏料理[1]八种等，共计二十八种，以及调味料盐酒醋酱四种。此为呈给位阶最高的大臣或是大纳言的菜色，身份越低种类即越少。

这些菜色被排放在称为台盘的有四脚及边的桌形餐台，附上凳子型的椅子。料理本身并未调味，进食时将四种调味料依喜好添加来享用。

另外，仓林正次的《大臣大飨》[2]有描述到这些基本料理之后的菜色，大致介绍如下：

为配合大家饮酒作乐，会继续提供追加的料理，依序为馄饨（用以面粉做的面皮包切碎的肉再来蒸）、饭与汤、雉鸡汤、油菜（花茎已长硬的）、包裹式烧烤料理、下酒菜（一膳为苏〔日本古代将牛乳炖煮成固体状之乳制品〕、甘栗、烤珠芽、鳟鱼，二膳为鲤鱼生鱼片、盐少许、勾芡辣拌菜）。

餐具有筷子与汤匙，且有既定礼仪，颇为繁杂。

并非只有饮食，还备有余兴活动，改变场地后变为跨身份围圈而坐，料理为烤珠芽或地瓜粥等，酒类也不限形式，是为气氛轻松的宴会，甚至还有笛及笙的演奏。前半部仪式形式的宴会称为“宴坐”，后半部轻松的宴会称为“稳坐”。

【1】装在供奉神佛用的，类似高脚神杯的容器中的料理。

【2】出自《历史公论》七三号，一九八一年。

虽为仪式形式，但当中也有饮酒作乐的此种宴会，举行起来到底为时多久呢？此时使用的筷子与汤匙，之后也随着与唐朝的接触越形减少，汤匙渐渐地从餐桌上消失。

此种贵族们形式化的正式饮食样式，随着武士的抬头有了很大的变化。当然，一般人的饮食是以五谷杂粮为主，配菜有当地的作物或野生作物，也就是菇类或树果等，直接水煮或炖煮来食用。

大飨料理为重视形式的料理，会为了好看而同时摆上多道菜肴，相对于此，进入镰仓时代转变为武家社会之后，“质实刚健”为中心思想，饮食的美味与否渐渐受到重视。

□■用来彰显幕府威严的本膳料理

关于平安时代贵族高官的日常饮食，初期是在高脚盘的中央将饭盛装呈山状，旁边摆满小盘，再放入菜。之后这样的形式演变为饭、汤、数道配菜的模式，然后又因为佛教传入，受到寺院的精进料理影响，正式的仪式形式也变化为在膳盘或方盘上盛放饭、汤、菜的“基本样式”。附注一提，将菜肴盛放于台盘的配膳所称为“台盘所”，据说就是现在“台所”（*厨房*）的由来。此外也有一说，因为当时负责配膳的皆为女官，所以后来把将军夫人视为女官之首，称为“御台所”。

之后在室町时代，这样膳盘形式的料理发展确立为仪式用的式正料理，开始考虑到如何让菜色享用起来更加美味，会先上一膳与二膳之后，再看用餐状况上接下来的膳。

然后由于属于客膳料理的式正料理（被称为七五三膳或五五三膳等飨膳）其中央膳称为本膳，因此在江户时代“本膳料理”这个名称也正式确立下来。江户幕府在重要活动或正式招待外使等场合，便会使用本膳料理来显示其威严。《千代田城大奥》中所记载的元旦膳如下：

口祝台[3] 七五三绳[4]、熨斗、昆布、梅干、鲱鱼卵、干栗饼、交让木叶、南天竹叶

（熨斗为干鲍鱼条，古来由于鲍鱼珍贵，因此被视为吉祥物。将鲍鱼用专门的刀像削苹果一般削成薄片长条后晒干而成。现在仍有附在祝贺礼上赠送的习惯，近年来熨斗袋上的熨斗多转变为印刷图样）

十二组菓子 榧果、核桃、橘子、栗子、柿子、馒头、山芋、昆布结、熨斗饼、羊羹

（虽说为菓子，但也有使用树果类、水果、薯类、昆布等食材）

三杯（银器） 鸡汤

一番 昆布、熨斗、干栗、土器

二番 粥（麻糬、白萝卜、牛蒡、烤豆腐、

【3】新年时提供给访客的料理。

【4】新年用装饰稻草绳。

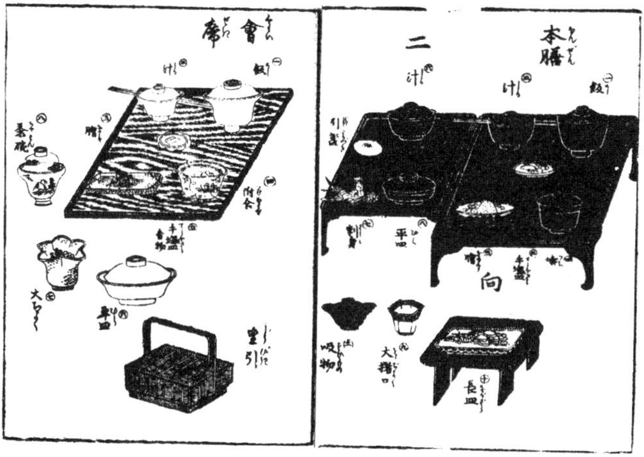

本膳与会席料理。本膳（图右）使用的是有脚餐台，会席使用的是有边餐盘（取自《料理早指南》）。

	薯类、海参干昆布、鲍鱼干、蕨菜结）、梅干、鲱鱼卵、五斗土器
同	鱿鱼、海蜇皮、鲤鱼、土器

（土器与三方[5]相同只用一次。到这里算是所谓的前菜，一到三番的酒菜各有一到三道，据说是三三九度杯的由来。接下来为主菜本膳。）

本膳	生鱼片、凉拌菜、炖煮料理（牛尾鱼）、烧烤料理、烤鸡、天鹅、汤、饭
二膳	虾、盐味酒渍料理、酱煮章鱼脚（或花枝）、贝类、海蜇皮、鱼汤
三膳	鲫鱼、凉拌菜、壶碗料理

【5】神道教中祭祀时用来放置供菜的器具，四方形有脚。

与（四）膳　生鱼片、味噌汤[6]

（四膳因“四”发音近“死”为避讳改称为“与”，写作“与”，念“YO”）

五膳　　　寿喜汤

虽然这些料理被摆放得十分有看头，但其调味或美味与否则不得而知。据推测味道应该是差强人意。此类重视形式的仪式料理用餐的人实际上只会取用一些，因此渐渐成为观赏用的餐点。

□■依序配膳给每个人一份的饮食特色

以下为《日本史小百科·饮食》[7]中，关于招待宴会的介绍：

供膳形式为首先在第一个三方铺上纸放上长熨斗，在第二个三方上放上粥、田作、梅干以及在耳土器（耳朵形状的筷架）放上长筷，然后在第三个三方上放上鲷鱼汤，第四个则放置土器杯，第五为放置长柄铫子（倒酒器具），第六是下酒菜，分别是乌鱼子、味噌烤鲷鱼、其他还有追加的粥，再加上附盖子的三方，在本膳前共会呈上八个三方。以上餐点结束之后才会进入所谓三汤十一菜的飨膳。

【6】内含白萝卜、牛蒡、豆腐、干鲍鱼、鱼干等。

【7】远藤元男、谷口歌子著，一九八三年，近藤出版社。

本膳　汤、饭、长筷、生鱼片、炖煮料理、腌渍料理

二膳　二之汤、小桶[8]、杉箱、大猪口（酒渍料理）

三膳　三之汤、生鱼片、茶碗、煎酒

与膳　烤鲷鱼

五膳　平皿、沙洲台

之后是装饭的御钵三方、附盖的三方、通三方、杯、酒壶、汤、下酒菜、热茶、水、甜点、浓茶、后甜点、薄茶与十三的三方等。

在这些飨宴菜肴当中，对位阶高的人（位阶三位以上）使用的是白木制的三方，用过即丢。其余则使用白木制的有脚折敷（足打[9]）。宫廷或幕府正式仪式中的招待宴会，其极致的菜色组合华丽又充满威严，从中去除某些部分后，其基本部分的本膳，后来就被江户时代后半期的民间仪式继承了下来。

这些菜肴正反映了日本料理重视“切工”的特征，让被称为“庖丁（菜刀）人”的料理专家人才辈出，用砧板及料理筷来处理鱼的技法，在许多古绘图中都可以看到，可想象当时的情形。

从如上所述不直接用手触摸或切割食品，以及食用时也不喜好用手抓食的习惯看来，日本人被认为相当有洁癖。同时，采用直接配膳给每个人，这种较麻烦的饮食形态，而非各自取用盛于大盘中料理，也让

【8】一般多为干鲍鱼丝。

【9】有脚之木制餐盘。

本膳形式配膳招待的情形（出自《精进料理献立集二编》）。

料理朝适合此种饮食形态的方向发展，形成了日本料理的特征。

本膳料理作为飨应料理（招待式料理）时，与摆出多道冷菜来强调其奢华的大飨料理相比，加上了烹煮的调理技术，能让餐点在最美味的时候上桌，是划时代的新方法。但这部分后来也逐渐形式化，重点转变为菜色的数量。这个趋势，也为此时从泡茶的过程中衍生出的怀石料理，带来了不可小觑的影响。

2　一开始只是配茶的轻食：怀石料理的诞生

□■和茶文化息息相关的怀石料理

怀石料理即所谓“茶怀石”，众所周知就是茶会中的料理。且容笔者在稍微详细地介绍过茶之后，再为大家解说怀石料理。

将临济宗从中国传到日本的荣西，也在一一九一年（建久二年）将抹茶带来了日本。荣西将茶的效用整理为《吃茶养生记》（一二一一年〔承元五年〕），上呈给当时的将军源实朝。该书将茶介绍为药，后来普及为上流阶级的饮料，在京都、奈良为中心也出现了由僧侣们所开设的茶所。栂尾茶与宇治茶也在室町时代的中期成为高级茶。

喝茶的习惯从僧侣开始，进而传播到武家及贵族，最后也渗透到平民阶级。泡茶方法有“礼茶式”与“茶寄合”两种，礼茶式后来演变为武家的喝茶仪式，茶寄合也称为“斗茶”，后来普及为一种猜茶产地的游戏。现在这种游戏据说在群马县中之条町还有团体在进行，也演变为赌博或酒宴的形式。政府也曾颁布禁止令，但据说没有太大效果。

另一方面，上流阶级的喝茶仪式中，泡茶方式也渐渐形式化，重视泡茶器具或房间的摆设等，整体转为华丽风。相对于此，另一种透过静静地喝茶来提高精神力的潮流也相应而生，促使了茶道的成立。

茶道经历村田珠光（一四二三～一五〇二）、武野绍鸥（一五〇二～一五五五）到茶圣千利休（一五二二～一五九一）发展完成，利休提高了茶道的精神力，同时针对相对于料理方面已经过于形式化的飨应料理，创造了可增进料理者与食客关系的饮食方式，也就是怀石料理的基础。

怀石料理本来称作“会席料理”[10]，是取自人们齐聚一堂享用美食之意，但同样都是集会宴席，后世为将有饮酒的酒席与喝茶的茶会作区别，因此改称为“怀石”。所谓怀石是指禅宗的修行僧在忍受空腹时为分散注意力，将石头抱于怀中，取其意代表在喝茶前稍微果腹。因此，为了能更享受茶的美味，要在喝茶前摄取一些轻食，这就是怀石料理的由来。

利休原则上视一汤三菜为料理，追求重视食材原味，招待人必须凝视自己的心，受招待的一方也必须具备高度的精神力。这部分与“侘”“寂”等词语一起被传承下去。

例如就算只是一双筷子，在准备给客人时，也要刻意沾湿后再去除多余水汽。这样客人在用这双筷子夹一口饭来吃后，就可以发现饭不会黏在筷子上，进食时非常方便，进而察觉招待者的心意。料理也不在奢侈华丽

【10】『会席料理』在日文中发音与『怀石料理』相同。

上竞争，而是要考虑在餐点最美味的时候呈给客人。在此之前，已太形式化的料理形式都会让温热的餐点变冷，让凉的餐点失去凉度，在味道方面欠缺考虑，对于食品也只局限于追求其珍奇性与知名度等要素，相对于此，怀石料理整体而言都极为简朴。

□■从抹茶到煎茶，越喝越丰富的茶道文化

另一方面，如上所述抹茶发展成为上流阶级的饮料，煎茶（将茶叶用热水煎煮）则是于江户时代才开始普及。煎茶如后述的普茶料理一样，都是先以“煮茶”之形式普及。“煮茶”类似现在的“番茶”，因为用煮的所以叫作煮茶。在《普茶料理抄》（一七七二年〔明和九年〕）中针对“煮茶之式样”有如下记载：

先呈上茶点给先到的客人，调整风吕（煮泡茶用热水所用的风炉）火候，将水倒入汤瓶，置于风吕上。水滚则将滚水倒入瓶内冲洗过一次后将水倒至茶渣盘，将茶叶装入右方茶器再倒入滚水。稍待片刻后取出茶碗，置于茶托上，分别呈给每个客人。若茶味转淡则可加热茶器，稍待片刻后再呈予客人。但主人须提供餐点善加招待客人，使客人不觉无趣。客人也必须互相等待至全数到齐再前往茶室。

用于煮茶的茶叶，是将制造抹茶时产生的杂物用火炒而成。

贝原益轩的《养生训》（一七一三年〔正德三年〕）中也有如下记载[11]：

使用抹茶时不会先炒或煮，因此抹茶较烈。

使用煎茶时会先炒或煮过，因此煎茶较为温和，适于平时饮用。……

煎茶需以小火炒大火煎。煎煮时要选用烧得较旺的坚硬木炭，起大火来煎煮。沸腾时加入冷水，如此一来可使茶更味美。不可用大火炒，也不可用微弱的小火来煎煮。以上皆记载于中国的《茶经》。

依上所述，烘焙茶时要用小火耐心炒，喝的时候要用热水来煮。跟现在煎茶一般认为六十度到七十度最理想的做法差距颇大。可推测应该是以前被拿来作为煎茶的茶，其实是现在的番茶或焙茶之类的茶。

为了解煎茶的普及程度，可参考人见必大的《本朝食鉴》（一六九二年〔元禄五年〕）中的叙述："在江户街头贩卖的煎茶产于骏州、信州、甲州、总州、野州（下野国）以及奥州。近来江东地区的人习惯在早餐前先饮用几碗煎茶，此称为朝茶，最受妇女们欢迎。"由此可见，在煎茶出现以前，说到茶大家都会想到抹茶，但在十七世纪后半叶，煎茶已经以女性为中心，普及各个阶

【11】引用自伊藤友信翻译（一九八二年，讲谈社学术文库出版）版本。

层。然后在摊贩等可以看到的贩卖用茶，则有枇杷叶茶或麦茶等。

进入江户时代，煎茶的制造终于开始。不过现在一般过滤后再饮用的方法，是更之后才出现的。本来日本的水就甘甜美味，人们一般认为饮料只要有水就够了。药草还是会煎煮，但日常生活中的饮料就是热水或凉水。据说外出时喝的茶也是以抹茶为主。

贩卖用的茶，以前是装在锅子里搬运到寺院前，泡成抹茶来让人们饮用。后来演变成路上贩卖的形式，开始出现了设有座椅让客人饮用煎茶的茶屋，这里的茶是一整天都将茶叶泡着，然后直接给客人喝。稍微高级一点的茶屋会准备茶漏，注入热水冲泡过滤后才给客人喝。

一八一〇年（文化七年）以后开始盛行掩茶，掩茶是将茶叶放在茶瓶内再加入热水的泡法，跟现代日常生活中的泡法一样。

后来茶的制法渐趋讲究，热水温度也会依据茶种有所不同。而且，最近还有要泡好喝的茶，必须避免使用自来水的趋势，注重选择符合良质好茶的水。另外，室町时代以来茶道使用的是抹茶，相对于此，进入江户时代之后也诞生了煎茶道。

□■日本料理发展的革新者

回到主题，茶料理与法国正式料理非常相像，都是套餐式；然后，在法国料理后来逐渐过于形式化时，融合俄罗斯料理的时间顺序形式来促进更进一步的发展，日本料理在这方面也相同，怀石料理也是时间顺序式，以一个革新者的角色出现在日本料理中。就让我们一起看看怀石料理的顺序。

虽然依照流派的礼仪可能有些许不同，不过并无太大差异——

将饭碗、汤碗、向附、筷子摆放于折敷上，配膳给每个客人。所谓向附，其名称是取自在折敷上摆放于饭碗与汤碗对面之意，内容多为生鱼片。最初的饭，要等待饭煮熟的最后一个步骤，也就是焖十分钟完成之后，立刻挖一饭匙的量盛进饭碗里，分量大约是两口而已。汤是以味噌调味。

然后由亭主（招待者）拿着铫子（酒器）与酒杯，边为客人斟酒边退下。

上菜顺序依流派不同，大致是炖煮料理、饭、追加汤，或饭、追加汤，然后炖煮料理。此时的炖煮料理为主角，是亭主方面最花精神去制作的料理。

接下来是将烧烤料理烹调后上桌。

此时要端着铫子、饭器，为客人添上分量十足的酒与饭。

之后的小汤品（可消除口中余味的小菜）要准备极少量，但味清淡，是介于热水与汤品中间的料理。

料理后半部分的最先上的是八寸与铫子。八寸之名取自宽八寸的白木材质，有边的方形盆，将海鲜与山味按照人数分装于内后上菜。亭主要边斟酒边炒热餐桌的气氛。看情况决定是否要上追加酒菜。

汤桶跟腌渍菜是最后一部分。将用锅巴添加香味的汤盛进饭碗与汤碗，搭配腌渍菜来食用。也就是说，将最后的饭做成汤泡饭，有如清洗饭碗与汤碗一样吃得干干净净，怀石料理的程序就此结束。

在以上的过程当中，亭主都不会一起享用，会在准备处不起眼的地方陪伴客人。餐点以一开始的折敷为中心，将向附的容器用怀纸[12]擦拭干净之后，把传过来的料理分装于内。因为主角是炖煮料理，所以用碗来提供给每个客人，但这个碗是放在折敷外面。

在八寸及酒之前的小汤品，角色如同法国料理中的雪酪[13]（Sorbet）。这道料理也是以个人小碗上菜，盖子有时候会用来作为盛接下一道的八寸之用。整套套餐中使用的餐盘只有折敷一个，相对于本膳料理将餐盘排列的方法，在简略化的同时，也考验着招待方判断料理上桌的时机与心思。

一般认为怀石料理的菜色都方便用筷子分量、方便食用、调理方法与材料不重复以及餐具与料理的盛装方式等，都凝聚了料理人的心意，可说是究极的日本料理。在品茶前享用的轻食，是由泡茶人亲自下

【12】对折放在衣物夹层内的和纸，可用来盛放餐点，或擦拭餐具。常于茶会或会席料理之席使用。

【13】口感类似冰激凌的西式甜品，通常在西餐中于前菜与主菜之间食用，以清理口腔余味，利于品尝料理原味。

厨，只要抱持真心，普通人的手艺也能做出怀石料理，这就是它的魅力所在。

□■承袭本膳料理的会席料理

到了江户后期，庶民间的飨应料理形式逐渐固定为“会席料理”，根据《日本史小百科・饮食》的记载，一开始是俳句创作会之后的酒宴，一六二九年（宽永六年）的冬天，俳人山本西武在京都二条寺町的妙满寺，举办百句连歌创作会即为会席料理的起源。此俳句会结束后，举办的酒会即被称为俳句会席。

然后随着料理茶屋的发展，外食料理逐渐成长，样式也随之确立，会席料理则以料理茶屋的形式渐渐普遍化。

其样式承袭本膳料理，以三膳为基本，再采用茶怀石中，重视因计算“时机”来提高美味程度的料理，经过巧思之后，浓缩成二膳。由于是宴会样式的料理，因此饭类上菜的顺序不是最先而是最后。现在日本旅馆等的宴席料理，上菜方式即是承袭自此，但对于一般民众而言，并不便于享用。

3 青出于蓝的异国混血料理再进化

□■中日混血的普茶料理及卓袱料理

普茶料理为来自中国的料理形式之一，据说是黄檗宗[14]的精进料理。

日本许多文化都深深受到中国影响，料理当然也不例外。从中国传进日本的非精进料理有卓袱料理，两者都是从中国传入长崎，普茶料理之后于京都普及，位于宇治的黄檗山万福寺即为其代表。卓袱料理后来在长崎生根，也保留了与其名卓袱，也就是桌巾而来，将料理排放于桌上的形式，而料理本身则日本化，发展为极有特色的长崎乡土料理。

佛教传进日本以来，多间寺院建立，各地宗教活动盛行，由修行僧们在本来从中国传来的调理方法中，加入了多样的料理手法，对我们今日的生活有着重大的影响。如前章所述，在《江户流行料理通》书中，作者——八百屋的善四郎在第四篇中记述了“会席普茶料理略式”，其序文中有以下叙述：

【14】黄檗宗为日本三大禅宗之一，据传其名来自唐僧黄檗希运。

距敝人之拙作料理通初篇付梓，时已十有二年。尔后二篇三篇也有幸接续付梓，得以问世。行笔至唐料理普茶卓子部且暂时停笔，之前想起需完成之事欲前往长崎，在去年的龙年春天前往京都。南禅寺、东福寺是不须赘言，宇治黄檗山、浪华的瑞龙寺、一心寺等，拜访所有有普茶料理之地，已决定不前往长崎之时，前往拜访浪华当地普茶料理达人某老僧。老僧对于敝人有心学习此道而表示欢喜，再三受邀品尝普茶料理，且得以请教其样式。但，其名为清风，偶有敝人不喜好的组合。不愿为顾及老僧颜面而强作喜好清风之貌，只用其形式，加入八百善会席料理菜色中。愿达普茶料理二、三分之一。各位普茶料理通之诸君子，请无须心觉怪异。仅于此先行表明。

江户　八百善主人

当中的“卓子”读音同“卓袱”。原来善四郎在去长崎之前，在京都达成目的回到江户之后曾在菜色中加入普茶料理。江户时代的普茶料理书中有一本名为《料理三篇山家集》，收录于《料理早指南》系列（初～四编，一八二二年〔文政五年〕）而知名，作者为醍醐山人。当中除了普茶料理的招待菜色之外，也有关于器物的具体说明。根据书中记载，料理分为前段及后段，内容如下：

第一为煎茶。将茶盆、口取肴、大平糖、小盘、梅干肉一小块插上乌樟叉后依序呈给每个客人。

普茶料理（出自《普茶料理抄》）。

第二为蒸菓。将黄檗馒头从较小边缘开始切成小块装在玻璃盒里。

第三为菜笼，菜笼为竹制可重叠的六角箱，将用麻油炸的山药羊羹与佛手柑装在最上层，炸豆皮包榧果、龙眼肉、豆腐羹、炸芥子装在第二层，第三层则装核桃油炸七叶树果、麻油炸香橙皮、胡麻面筋与粉熟[15]。

【15】以米、麦、黄豆等制成的甜点。

第四为羹采（煮物）。内容为加麦面筋、青昆布、蜜煮柿子干。

接下来进入下半段，有时会上称为点前的善哉饼（红豆麻糬汤），此时就会省略后段的荞麦面。

第五为飨盘，此时呈上单人份的酒瓶与酒杯。

飨盘部分第一道称为熏笥，也就是俗称的碗。但平底无足。内容为黄饭[16]加切碎的锥栗果。附汤匙。

第二道为大菜皿。内容为牛蒡、煮山药、勾芡冰豆腐。

第三道为小菜皿。内容为酒酿梅干、寒天、生栗、葡萄、日本膳。

第四道为猪口。内容为荷兰风味噌。

第五道为羹杯（凉拌煮物）。内容为莼菜与红豆加砂糖炖煮之料理。

以上为前段，后段称为荞麦式，菜色是荞麦面。

各准备蘸酱一瓶、味噌白萝卜泥沾汁装于瓶内、红味噌麻油装于有盖小碗并附上汤匙，供客人享用荞麦面时依喜好使用。

竹笼小盘装上涮过的葱、白萝卜丝。

将荞麦面、豆腐泥盛于蒸笼。

另附上辣椒、芥子、味噌、白萝卜泥、海苔、香橙、紫苏籽、陈皮、黑芝麻作为提味配菜。

以上即为全部。内容看来颇多，不过据说其实僧侣并不是每天享用这样的菜色，只有每年一次的冬至晚餐才能有这样的待遇。平常的早餐菜色是汤粥加上梅干、腌萝卜，中餐及晚餐都只有一汤一菜。

根据《料理通》八百善的记述：“首先上煎茶，从客人上座后马上端出的汤品开始，即拿出桌台使用，小菜

【16】加栀子浆果及糯米煮成的饭，呈黄色。

八品，大菜十二品，皆为长数。”内容简单且极为清淡。

从醍醐山人的菜色中，可看出精进料理的几项特征。首先是其属于油料理，而且还使用多种油，包括榧果、芝麻以及核桃等。

日本料理在烤及蒸的调理方法之后，发展重点转为炖煮料理，使用油的料理一直不太普遍。其中因素，应可推测除了油的生产量不够大之外，就是日本料理的中心是以水为媒介的料理，增添美味的方法，就是以汤头的美味来调味。因此，使用油的料理本身就不多，一般认为精进料理为强调味道中的浓郁部分，所以使用大量油炸料理，但其实这应该是因为采用了从中国传来的料理方法。例如豆腐虽是从中国传来的食物，但如前所述水分多且柔软的豆腐是日本化后的制品。江户时代豆腐贩卖时的计算单位颇大，约为现在的四倍，可想见当时豆腐应是为庶民补充蛋白质的大功臣。除此之外，油炸薄豆皮也是在庶民阶层间，少数成功普及的油炸料理食品。

普茶料理的中心地为黄檗山万福寺。中国僧侣隐元率二十多位门徒渡日而来后，创立了后来都迁至京都的兴福寺与崇福寺，万福寺则是在一六六一年（宽文元年），获得江户幕府的许可后，在宇治设立的。其建筑风格仿中国明朝时代的寺院建筑，现在其寺院之广大与整体的氛围仍和其他禅宗寺院不同，充满异国风情。在推广煎茶方面，其贡献度也不小。

“卓”即为桌子，也就是餐桌，“袱”为布类，因此卓袱指的就是桌巾。卓袱料理从中国传到长崎，只传承了餐桌形式，配膳方面是每人一份的“铭铭膳”形式。随着日本文明开化，餐桌形式也从铭铭膳转变为“卓袱台”，“卓袱台”正式发音虽为“しっぽくだい”（shippokudai），但受“卓袱”的中文发音影响，也衍生出“ちゃぶだい”（cyabudai）这个念法。卓袱料理名副其实地维持了大家围着餐桌吃饭的形式，但其餐点内容已日本化，成为乡土料理的一种。

《新撰会席卓袱趣向帐》内容记载的是使用异国风道具，但风格改造为卓袱风的会席料理，出版于一七七一年（明和八年）。根据该书记载，卓袱料理菜色内容为大菜五种或六种，小菜七种或八种，大宴的话大菜九种，小菜十六种。安排菜色时必须多费巧思，例如挑选特殊酒类，也能给客人宾至如归的感觉。只要多花工夫，不管是茶料理或会席料理都能很自由。该书作者为浪花秃箒子。

另外，此书对于虽然并非卓袱料理本来部分的道具类有详细的图示。从充满异国风情的桌子、椅子、香炉、桌巾，到餐具（大菜陶、小菜陶、箸盆、小皿、片瓢，或是短匕、酒瓶、金回罗〔杯子〕、储匕）、蜡烛、琉璃灯、盥（盆）、饭器、馔器、茶瓶、茶碗、茶盆、果盆、佩刀、花瓶、笔研等，描述了多种日本没有的器具。

桌子与椅子的形式确实传承至一部分的阶层，但大多数的形式都只剩下桌子，椅子转变为坐垫，可说是榻榻米的生活样式传承了“坐”的文化。普茶料理、卓袱料理都采用四人围一桌的方式，但卓袱现在已经转变为八人围着圆桌，坐着享用的日本式。

据说江户的卓袱料理因稀奇而流行，甚至还出现了专门店。八百善的主人也曾详加研究，在拓展了研究范围的层面上，他的努力着实令人钦佩。

□■从欧洲传入的南蛮料理

卓袱料理在长崎稳定发展成为乡土料理，另一种料理同样从欧洲透过长崎的出岛传进日本，那就是所谓的南蛮料理。南蛮料理则是菜色内容传入日本，而饮食样式并没有被传播进来。

在料理当中需要特别说明的，就是南蛮菓子。与中国不同，欧洲地区的饮食文化食材本身比较稀奇且不容易入手，因此无法快速普及。在这样的背景之下，使用砂糖的菓子类，以及动物性食品的利用方法等，都是在出岛这个被局限的地方发展起来，且没有被日本化，应该是极少数出入出岛的日本人，有样学样传播出去的。

出岛的荷兰人为了前往江户觐见将军，不管是在途中或江户城中都受大了盛大热烈的欢迎。想当然耳，贡品中例如南蛮菓子或葡萄酒等休闲甜点饮料也被运进江户，上层阶级的人得以入手并享用其美味。

如上所述，南蛮料理随着砂糖的普及，在影响和菓子的同时也逐渐发展成形。说到南蛮料理大家的印象都是使用辣椒的辣味料理，但这其实是丰臣秀吉时代留下来的影响。具代表性的料理有天妇罗、飞龙头[17]等油炸料理，或使用烤箱的长崎蛋糕，抑或是饼干等烧烤点心，以及类似金平糖的砂糖菓子等。

□■流有美食血液的巨大城市

因为参勤交代等交流频繁，所以就算是京都、大阪或长崎等大都市独自发展的料理，相关信息也都确实汇集中于江户。

一方面，料理形式也如同本书中说明过的，有大飨料理、寺院的精进料理、神社的神馔等，本膳料理形式加入这些料理形式发展的过程，发展成宫中或将军家的正式飨应料理；另一方面，例如怀石料理等在知识分子等阶层中诞生的料理样式也随之诞生。在这种背景下，江户时代因酒宴的聚会在庶民阶级间越趋盛行，即将料理茶屋带到了兴盛的巅峰，然后本膳与怀石料理流派融合，创造了会席料理这个料理样式。在这过程中，南蛮料理与中国料理的普茶料理、卓袱料理也对日本料理的内容多少造成了影响。如上所述，料理的多种形式传入江户这个百万人口的都市，日本料理应可说是因此达到了集大成的领域。

另外，这个巨大城市的"主人翁"——无忧无虑自由的庶民——不受制于惯例或礼法，自由地享用速食、

【17】将豆腐与红萝卜、莲藕等一起炸的料理。

举办酒宴，料理人也更下功夫去创造出能配合这些人口味的料理。东西只要好吃，就能为大众接受，让生意更兴隆。这样的情形又让料理的美味更上一层楼，更促使了各式各样料理的诞生。于是在江户时代两百六十年中，日本料理便是依靠庶民的力量，来持续提升其品质。

终章

从速食开始扎根的日本料理文化

安政年代约为明治时代的前十年，有一位医师名为原田，同时也是纪州（现和歌山县与三重县南部）附家老[1]的侍医，写了一本《江户见闻记》——描述的是纪州人眼中的江户。

江户湿气重，土有如灰，下雨就会变得泥泞。夏天白天相当热，早晚却很凉。如果雨下一整天，穿一件还会觉得凉。看到电视上以江户时代为背景的连续剧，笔者也曾经觉得以前的人怎么能穿这么多件衣服，原来也是因为以前跟现在的气候条件迥异的关系。

除此之外，他也感到江户的冬天比纪州冷三倍，霜柱甚至可以高达两三吋，把土都撑起来。晴天时有风，风大时衣服跟足袋都会被砂弄脏，连眼睛都睁不开，所以他分析江户人就是因此穿着深蓝色的足袋，还有帽缘较宽的斗笠。甚至还有护目镜来保护沙不进入眼睛，江户火灾多也是因为风大的关系。

原田的观察也颇为透彻。关于当时中等阶级的日常生活，他将每家有两个窗，而没有捣麻糬的器具，也没有浴缸、客用火暖炉，有访客时也不会拿出坐垫等情况都如实记录下来。

至于江户的水，虽然有井但饮用水使用的是“上水”，也就是自来水，自来水水质甘甜且清净。关于水的味道，描述得如此详细的书籍可说是十分稀少。

其中需强调的是，当时江户的砂糖十分便宜。因此，

【1】由本家派至分家，负责监督、辅佐的家老（家臣中最重要的职位）。

到了江户幕府末期的安政年代，砂糖应已普及颇为底层的阶级。

另外，针对点心部分，原田直截了当地描述菓子不算上等，而馒头特别难吃，理由是皮太厚。相反地，对于麻糬类倒是给予好评，表示外观美丽又优雅。

关于酒类部分，原田表示高级且价格昂贵。甜酒不甜，而醋味道也淡。寿司的话只有握寿司，没有押寿司，但味美价廉。

从该书中，可看出江户颇为热闹，处处皆有膳饭屋、荞麦面店、红豆麻糬汤、有座位的茶屋等店面。他很喜欢荞麦面的蘸汁，表示将纪州的荞麦面与江户的蘸汁混合起来味道最棒。

一进入荞麦面店，店主不会询问要蘸荞麦面还是汤荞麦面，完全依循客人喜好，必须尽早交代店主。餐具都十分美观，荞麦面店必有酒，而且是上等酒。

料理的调味，据原田所述是像甜点一样甜，没办法当下酒菜。现在打着江户口味招牌的外送店，调味也是非常甜。这样看来，甜味应可说是江户的口味。

以这个百万人口的都市为中心，江户时代的日本在锁国这个特殊条件下持续统一，这段长达两百六十年的悠久时间，正是日本独特文化慢慢塑形成功的绝好机会。但也不能忘记的是，虽说锁国，但日本仍与朝鲜、荷兰、中国维持着些微却持续的关系，这方面的影响也促使日本料理在江户时期得以集大成。另外，从德川幕府中期开始，町人文化[2]在江户街头发展，在饮食的领域也有同样情形，大受低收入阶级支持的摊贩或街头小贩，或是速食类型的天妇罗、丸子、蒲烧鳗鱼、关东煮、红豆麻糬汤等外食都大受欢迎。

本书中所提到的江户时代的种种现象，与度过第二次世界大战后的复兴与泡沫经济期的现代日本，其实也有许多共通之处。时间流逝的速度虽与现代大大不同，但当时人们所构思出的智慧，许多也都能适用于现代社会。本书对于江户这个充满无可救药魅力的时代的外食情形，花费极大篇幅说明，但概观而言，江户初期几乎没有外食需求，随着中期庶民阶级的增加，自然而然出现的摊贩与扁担小贩等，也充分支撑了据说占江户一半人口的庶民们的饮食。

另外，以贵族为首的特权阶级所构筑起来的传统料理，也是集大成于江户时代。日本料理的样式确立（本膳、会席及怀石料理）后，也逐渐渗透至庶民阶层，被传承到后世成为喜庆场合的料理。相反地，因庶民的创意而大受欢迎的料理，也转为高级化，成为料理茶屋等餐厅的菜色。

但是，为庶民而生的摊贩也并没有衰退，而是被传承至后世。现在也还有些老街里的商店街，虽然不是摊贩，但也是将在店里现炸的天妇罗等油炸食物用报纸等纸类包起来直接交给客人。握寿司也转变为回转寿司但依旧受欢迎，车站附近的立食荞麦面店也是很好的例子。

【2】以工商阶级为中心的文化。

现在，天冷之时可能没有江户时代的夜莺荞麦面，但街头也还有拉面或关东煮的摊贩在做生意。相对于较正式的高级料理店，能让人进去时较不会感到压力，提供餐点又便宜又快的摊贩，或是类似的外食餐厅，都与其名“速食”名副其实，今后也会持续被传承下去，永不衰退。

图书在版编目（CIP）数据

江户食空间：万物汇集的料理与社会 / (日) 大久保洋子著；孟勋等译.
—北京：中国工人出版社, 2019.7
ISBN 978-7-5008-7166-8

Ⅰ. ①江…　Ⅱ. ①大… ②孟…　Ⅲ. ①文化史—日本—江户时代
Ⅳ. ①K313.36

中国版本图书馆CIP数据核字（2019）第116905号

著作权合同登记号：图字 01-2018-7239号
《EDO NO SHOKU-KUUKAN YATAI KARA NIHONRYOURI E》

Original Japanese edition published by KODANSHA LTD.
Publication rights for Simplified Chinese character edition arranged with KODANSHA LTD. through KODANSHA BEIJING CULTURE LTD. Beijing,China.

江户食空间：万物汇集的料理与社会

出 版 人　王娇萍
责任编辑　董　虹
责任印制　黄　丽
出版发行　中国工人出版社
地　　址　北京市东城区鼓楼外大街45号　邮编：100120
网　　址　http://www.wp-china.com
电　　话　（010）62005043（总编室）
　　　　　（010）62005039（印制管理中心）
　　　　　（010）62004005（万川文化项目组）
发行热线　（010）62005049　（010）62005041　（010）62046646
经　　销　各地书店
印　　刷　北京市密东印刷有限公司
开　　本　880毫米×1230毫米　1/32
印　　张　7.25
字　　数　150千字
版　　次　2019年7月第1版　2021年9月第4次印刷
定　　价　48.00元